Friederun Reichenstetter · Alice Kälin

Die Weihnachtsmaus im Winterwunderwald

Ein Adventskalenderbuch
mit 24 Geschichten

Arena

MIX
Papier aus verantwortungsvollen Quellen
FSC® C110508
www.fsc.org

1. Auflage 2019

Rottendorfer Straße 16, D-97074 Würzburg

Einband und Illustrationen: Alice Kälin
Gesamtherstellung: Westermann Druck Zwickau GmbH
ISBN 978-3-401-71365-6

www.arena-verlag.de

Inhalt

Warten auf die Weihnachtsmaus

Der große Wald wurde immer in der Adventszeit zum Winterwunderwald. Überall glitzerte der Schnee. Tannen und Fichten schienen sich in blütenweiße Daunenmäntel gehüllt zu haben und die Gräser und Büsche hatten sich mit funkelndem Raureif geschmückt. Es war bitterkalt und gerade fing es wieder an zu schneien.

Trotzdem hatte sich eine kleine Gruppe unterschiedlichster Waldbewohner auf einer Lichtung zwischen den hohen Buchen zusammengefunden.

Käuzchen Karl hatte sich in einer Astgabel niedergelassen. Nicht weit entfernt putzte sich Rabe Rudi sein schwarzes Gefieder. Unter dem Baum schnatterte Ente Emma und neben ihr, auf einem von Schnee befreiten Moospolster, lagen die Dachse Dago und Daisy. Kaninchen Karla trommelte mit den Hinterläufen, um sich warm zu halten, und Fuchs Fritz lief aus dem gleichen Grund im Kreis herum. Zwischen den dicken Wurzelsträngen der alten Buche stand Zwerg Rotmütze und hinter ihm hüpften die Wichtel Ado und Udo aufgeregt auf und ab. Sie wohnten wie die Zwerge und die Moosleutchen unter der Erde. Nur zu besonderen Gelegenheiten kamen sie aus dem Untergrund ans Tageslicht.

Und heute war ein besonderer Tag! Denn sie alle warteten auf die Weihnachtsmaus. Jedes Jahr am 30. November, also 25 Tage vor dem Heiligen Abend, erschien sie in ihrem goldschimmernden Fell, das sie nur während der Weihnachtszeit trug. Ihre große Familie blieb daheim am Waldrand und probte für den Weihnachtschor, der am Heiligen Abend auftreten würde.

Jedes Jahr war es so – bis auf dieses.

Natürlich wussten sie alle, dass die Weihnachtsmaus wie immer an diesem besonderen Tag einen kurzen Abstecher zu den Irrlichtern am Schilfsee machte. Das war wichtig, denn die Irrlichter sorgten für die Beleuchtung am Weihnachtsfest. Aber nun wurde es bereits dunkel.

Zwerg Rotmütze kratzte sich besorgt unter seiner Zipfelmütze. »Was tun wir nur, wenn die Weihnachtsmaus nicht kommt?«, fragte er in die Runde.

»Dann müssen wir sie suchen. Sonst fällt Weihnachten aus«, krächzte Rabe Rudi. »Nur sie findet die besten Plätze zum Feiern, nur sie weiß, wie man mit dem Uhu reden muss, damit er an Weihnachten friedlich ist, nur sie kennt alle hier im Wald und nur sie schafft es, dass niemand in der Weihnachtszeit allein ist.«

»Wenn sie nicht kommt …«, schluchzte Wichtel Udo, »… gibt es keine geschmückten Bäume und keine Geschenke, die wir verstecken können.«

»Und keine Musik«, fuhr Käuzchen Karl fort, »vielleicht sogar keinen Weihnachtsmann.«

Krächzend flog Elster Elsie an. Sie setzte sich mitten auf die Lichtung und schüttelte die Schneeflocken von den Federn. »Euer Gejammer hört man kilometerweit«, krakeelte sie.

»Gejammer? Wir sind verzweifelt!«, sagte Zwerg Rotmütze. »Du weißt so gut wie wir, dass unsere Weihnachtsmaus unersetzlich ist.«

»Unsinn! Niemand ist unersetzlich. Einen geeigneten Platz zum Feiern finden wir auch ohne sie. Irgendwo.«

»Nicht irgendwo, er muss hier im Wald sein«, schnarrte Käuzchen Karl und drehte seinen Kopf nach allen Seiten.

»Das weiß ich selbst«, fuhr ihn Elster Elsie an. »Wegen mir brauchst du auch nicht immerzu den Kopf zu verdrehen. Du willst doch nur die Weihnachtsmaus als Erster entdecken, falls sie überhaupt noch kommt. Angeber!«

»Erraten«, schnarrte Käuzchen Karl. »Da ist sie!«

1. Dezember

Noch 23 Tage bis Weihnachten

Stunde um Stunde hatten die Waldbewohner am Tag zuvor bei Schnee und Kälte auf die Weihnachtsmaus gewartet. Als sie dann endlich kam, waren sie alle schon halb erfroren. Darum hatte sie die Weihnachtsmaus nach Hause geschickt. Niemand weiß also bisher, was passiert ist und warum sie aufgehalten wurde.

Zu welchen Tieren gehören die Spuren im Schnee?

Eine große Enttäuschung

Treffpunkt an diesem Tag war die alte Scheune am Waldrand. Die Dachse Daisy und Dago schafften es nur mithilfe von Fuchs Fritz, den Schnee wegzuräumen und die Scheunentür aufzustoßen. Nach und nach trudelten die anderen ein.

»Wenn das so weitergeht mit dem Schnee«, brummte Fuchs Fritz, »sehe ich schwarz für unsere Weihnachtsvorbereitungen. Wir werden noch alle eingeschneit.«

»Ich habe auch kein gutes Gefühl«, erklärte Zwerg Rotmütze. »Was gestern wohl passiert ist?«

Hinter den Moosleutchen und den Wichteln huschte die Weihnachtsmaus in die Scheune. »Guten Morgen, liebe Freunde!«, rief sie. »Leider gibt es ganz schlechte Nachrichten von den Irrlichtern. Sie haben mir erzählt, dass der Weihnachtsmann am Heiligen Abend nicht zu uns kommen wird, vielleicht auch nie mehr. Ein kleiner Weihnachtsengel hat ihnen diese Botschaft überbracht. Sie konnten ihn in der Dunkelheit nur schlecht erkennen und dann war der kleine Engel auch schon wieder weg. Offenbar hatte er es sehr eilig. – Also mir kommt das alles sehr merkwürdig vor.« Die Weihnachtsmaus sah verzweifelt aus. »Der Weihnachtsmann hätte den kleinen Weihnachtsengel doch zu uns schicken können. Irgendetwas muss passiert sein.«

»Kein Weihnachtsmann?« – »Unmöglich!« – »Ausgeschlossen!«, tönte es von allen Seiten. »Wo er doch das letzte Mal noch gesagt hat, dass er sich den Heiligen Abend ohne uns gar nicht mehr vorstellen kann«, flüsterte Zwerg Rotmütze und seufzte. »Die wenigsten von euch haben ja damals seinen ersten Besuch bei uns miterlebt.«

»Erzähl uns doch noch mal, wie das war!«, forderten ihn die Wichtel auf.

»Es war an einem bitterkalten Heiligen Abend«, begann Zwerg Rotmütze. »Wir saßen zusammen in der großen Höhle, die ihr alle kennt. Die Urururgroßeltern der Moosleutchen hatten einen warmen, weichen Moosteppich geknüpft, die Irrlichter und Glühwürmchen leuchteten, die Tannenzweige dufteten ... Plötzlich trotteten zwei große weiße Tiere herein und ließen sich erschöpft auf den Moosteppich fallen. Hinter ihnen erschien der Weihnachtsmann und mit ihm schwebten silberne Sterne in die Höhle. So etwas hatten wir noch nie gesehen. Es war, als wenn der Himmel auf die Erde käme. Der Weihnachtsmann sah sich also in unserer schön geschmückten Höhle um und sagte leise: ›Wie friedlich es bei euch ist.‹

Und die Weihnachtsmaus lud ihn ein, mit uns zu feiern.

›Aber wir haben nichts, was wir euch schenken könnten‹, erklärte der Weihnachtsmann.

›Eure Sterne sind Geschenk genug‹, entgegnete die Weihnachtsmaus.

Es wurde ein wunderbares Fest. Beim Abschied sagte der Weihnachtsmann: ›Wir sind am Heiligen Abend noch nie eingeladen worden. Wir haben noch nie gefeiert, sondern nur Geschenke ausgefahren. Dürfen wir wiederkommen?‹

›Jedes Jahr, wenn ihr wollt‹, antwortete die Weihnachtsmaus. Und dabei ist es geblieben.«

»Und dabei soll es bleiben«, erklärte die Weihnachtsmaus. »Ich werde den Weihnachtsmann suchen und herausfinden, was passiert ist. Ihr müsst also ein paar Tage ohne mich auskommen.«

»Und ich werde dich begleiten«, krächzte Rabe Rudi vom obersten Balken der Scheune herunter. »Denn wie willst du ohne Flügel schnell vom Fleck kommen?«

2. Dezember

Noch 22 Tage bis Weihnachten

Weil die Vorbereitungen für das große Weihnachtsfest sehr aufwendig sind, gibt es einen Festausschuss, der sich darum kümmert. Er besteht aus einer Gruppe von Waldbewohnern. Dazu gehören Zwerg Rotmütze, die Wichtel Ado und Udo, die Moosleutchen, Rabe Rudi, die Dachse Daisy und Dago, Fuchs Fritz, Käuzchen Karl, Elster Elsie, Ente Emma und Kaninchen Karla.

Vor der Abreise von Weihnachtsmaus und Rabe Rudi muss noch einiges besprochen werden.

Welches Tier aus dem Festausschuss ist nicht in der Höhle?

Ein letztes Treffen vor der Abreise

An diesem Tag hatte die Weihnachtsmaus den Festausschuss in die große Höhle gebeten, um über die Aufgaben zu sprechen und sie zu verteilen.

»Liebe Freunde«, fing die Weihnachtsmaus an, »ihr habt mir jedes Jahr so gut geholfen. Nun möchte ich euch bitten, ohne mich mit den Vorbereitungen für das Weihnachtsfest zu beginnen. Während ich unterwegs bin, wird mich Zwerg Rotmütze vertreten. Die anderen Zwerge kümmern sich wie immer um die Geschenke.«

»Geschenke, die wir verstecken können!«, jubelten die Wichtel. Sie versteckten und suchten für ihr Leben gern.

»Nun zu den Moosleutchen.« Die Weihnachtsmaus sah sie an. »Habt ihr genug Moos für euren herrlich weichen Teppich, auf dem wir und unsere Gäste so gern sitzen?«

»Der Sommer war trocken, aber es wird vermutlich reichen«, antwortete das Moosfrauchen. »Vielleicht kann uns ja Kaninchen Karla beim Moospflücken etwas unterstützen.«

Kaninchen Karla nickte.

»Dago und Daisy, wie sieht es bei euch aus?«, fragte die Weihnachtsmaus.

»Wir sind bereit«, sagte Daisy, »obwohl es wirklich viel Arbeit ist.«

Dago seufzte. »Wenn ich daran denke, wen ich alles aufwecken muss … die Igel, die Siebenschläfer, die Haselmäuse, die Fledermäuse, die Glühwürmchen … Bis Weihnachten drehen wir täglich unsere Runden. Drei Wochen lang muss man die Winterschläfer täglich an Weihnachten erinnern. Am schlimmsten sind die Siebenschläfer. Verschlafen sie Weihnachten, weil wir sie nicht wach bekommen, sind sie das ganze Jahr über beleidigt.«

Fuchs Fritz meldete sich zu Wort. »Wichtig ist vor allem, dass wir uns so bald wie möglich für einen Festplatz entscheiden, damit ich den Platz kennzeichnen kann.«

»Warum eigentlich?«, fragte Ente Emma. Sie schnatterte liebend gern, dafür vergaß sie ziemlich viel.

»Langsam müsstest du wissen, dass vor dem Heiligen Abend niemand außer uns Zutritt zum Festplatz hat. Wir müssen doch alles vorbereiten«, antwortete Käuzchen Karl.

»Stimmt«, schnatterte Ente Emma. »Wenn man so viel wie ich im Kopf haben muss, vergisst man leider ab und zu etwas. Ich kümmere mich um die Wasservögel, die im Winter hierbleiben, und erkläre ihnen, wie sie unseren Festplatz finden.«

»Und wir«, riefen Ado und Udo, »verschanzen uns in unserer Backstube! Fast alles, was wir backen, wird versteckt.«

»Ich sehe, dass ihr gut ohne mich zurechtkommt«, sagte die Weihnachtsmaus zufrieden. »Was haltet ihr davon, wenn wir wieder einmal hier in dieser schönen Höhle feiern? Der Uhu, dem die Höhle gehört, ist einverstanden.«

Alle nickten, nur Elster Elsie krächzte enttäuscht: »Mein Weihnachtsschmuck sieht aber im Wald besser aus.«

»Aber wir haben doch Tannen am Höhleneingang«, sagte Zwerg Rotmütze.

»Trotzdem«, antwortete Elster Elsie.

3. Dezember

Noch 21 Tage bis Weihnachten

Obwohl Elster Elsie ganz anderer Meinung ist, hat die Weihnachtsmaus entschieden, dass das Weihnachtsfest in der Höhle des Uhus stattfinden soll. Sie selbst muss sich jetzt unbedingt um ihre Reise kümmern. Die Weihnachtsvorbereitungen liegen nun also ganz in den Händen, Pfoten und Krallen der Mitglieder des Festausschusses.

Wer beobachtet die Tiere aus dem Festausschuss heimlich?

Ein Abschied und eine Entscheidung

Alle, die das Weihnachtsfest vorbereiteten, waren zum Abschied von Weihnachtsmaus und Rabe Rudi erschienen. Man traf sich am Bach, der von grasbewachsenen Ufern und hohen Tannen gesäumt wurde. Dort stand auch die Tanne, auf der Rabe Rudi lebte.

Alle winkten, als die Weihnachtsmaus auf den Rücken von Rabe Rudi kletterte und mit ihm zusammen in die Luft stieg.

»Also ich finde«, krächzte Elster Elsie, als die beiden nur noch als Pünktchen zu sehen waren, »dass die Lichtung hier am Bach sehr viel schöner ist als die Höhle mit dem boshaften Uhu. Warum feiern wir nicht einfach hier?«

»Nein, nein!« Zwerg Rotmütze schüttelte den Kopf. »Das kommt nicht infrage. Du wirst dich ja wohl noch daran erinnern, wie der Bach damals von einem Tag auf den andern über die Ufer getreten ist.«

»Und dann …« Ado kicherte. »… wurde es so kalt, dass das Wasser gefroren ist. Alle, die kamen, sind auf den Hintern geplumpst. Sogar der Hirsch, wo der doch so vornehm ist.«

»Ach, hört doch damit auf! Warum sollte es eine Überschwemmung geben? Und überhaupt wäre für meinen Freund Waschbär Willi der Bach gerade richtig.«

»Wer ist Waschbär Willi?«, fragte Käuzchen Karl.

Bevor Elster Elsie antworten konnte, trottete ein pelziges Geschöpf mit gestreiftem Gesicht durch den Wald auf sie zu.

»Da kommt er«, krächzte Elster Elsie. »Man hat den armen Kerl vertrieben. Ab jetzt wird er hier bei uns im Wald wohnen. Er könnte zum Beispiel den Festplatz sauber halten. Er liebt Wasser. Und ich könnte dann meinen glitzernden Weihnachtsschmuck …«

»Diebesgut«, murmelte Fuchs Fritz.

Elster Elsie hatte gute Ohren. »Pah!«, schnaubte sie.

Doch bevor die Elster und der Fuchs weiterstreiten konnten, verschaffte sich Zwerg Rotmütze Gehör. »Schluss jetzt!«, befahl er. »Wir haben anderes zu tun, als zu streiten. Die Weihnachtsmaus war für die Höhle und ich bin es auch. Was sagt ihr?«

»Wir sind für die Höhle. Wenn der Bach über die Ufer tritt, können wir unseren Moosteppich wegwerfen«, sagten die Moosleutchen. Die Dachse, die den Teppich liebten, waren der gleichen Meinung.

Der Waschbär hob eine Pfote. »Ich schließe mich Elsie an«, sagte er.

»Wir auch! Eine Schlitterbahn ist doch lustig«, kicherten die Wichtel Ado und Udo.

»Wer weiß, was der Uhu mit uns anstellt, wenn ihn die Weihnachtsmaus nicht bei guter Laune hält«, schnatterte Ente Emma. »Darum hätte ich nichts gegen diesen Festplatz hier einzuwenden.«

Auch Kaninchen Karla nickte.

»Und du?« Zwerg Rotmütze sah zu Käuzchen Karl empor.

»Ich bin für die Höhle. Dort ist es einfach am gemütlichsten. Wie steht es mit dir, Fuchs Fritz?«

»Na ja, den Wald kenne ich irgendwie besser«, murmelte Fuchs Fritz.

»Juhu, wir haben gewonnen!«, jubelte Elster Elsie.

»Wenn das so ist«, erklärte Zwerg Rotmütze, »kümmert ihr euch mal um Weihnachten. Ich gehe dann lieber in die Zwergenwerkstatt und helfe dort.«

4. Dezember

Noch 20 Tage bis Weihnachten

Von den Streitereien im Wald bekommen Weihnachtsmaus und Rabe Rudi nichts mit. Sie haben die Nacht auf einem verschneiten Baum verbracht – die Weihnachtsmaus in einem verlassenen Eichhörnchenkobel und Rabe Rudi in einer Astgabel gleich daneben. Sie sind gespannt, was der neue Tag für sie bringt.

Wie viele Krähen kannst du zählen?

Die Weihnachtsmaus traut ihren Augen nicht

Als es hell wurde, wachte Rabe Rudi auf. »Ist das kalt hier!«, beklagte er sich und klapperte mit dem Schnabel. »Auf meiner Tanne daheim ist es viel gemütlicher. Sollen wir nicht lieber wieder umkehren?«

»Und auf den Weihnachtsmann verzichten?«, fragte die Weihnachtsmaus und rieb sich die Augen. Auch sie hatte schlecht geschlafen.

»Nein, niemals!«, krächzte Rabe Rudi.

»Dann müssen wir ihn suchen«, sagte die Weihnachtsmaus.

Nicht weit von ihrem Nachtplatz entfernt sahen sie zwei Enten, die unter der Schneedecke nach Körnern und Gras suchten.

»Guten Morgen!«, rief die Weihnachtsmaus ihnen zu. »Habt ihr zufällig in letzter Zeit etwas vom Weihnachtsmann gehört?«

»Das sagt mir überhaupt nichts«, schnatterte eine der Enten und stöberte weiter nach Körnern.

»Und überhaupt«, schnatterte die andere, »es ist ja noch gar nicht Weihnachten. Wartet doch einfach ab, bis es so weit ist. Dann wird der Kerl schon auftauchen.«

Kurz darauf trafen sie auf ein paar Krähen. Die umkreisten Rabe Rudi neugierig und die Anführerin des Schwarms krächzte: »Was ist denn das für ein goldener Sack auf deinem Rücken? Verteilst du jetzt schon Weihnachtsgeschenke? Könnten wir die mal anschauen?«

Rabe Rudi gab ein so lautes »Krack, krack« von sich, dass die Krähen das Weite suchten. Mit diesem großen und kräftigen Raben wollten sie sich nicht anlegen.

»Die machen uns keinen Ärger mehr«, sagte Rabe Rudi. »Aber schau mal, dort unten auf der Wiese läuft eine Wühlmaus. Sollen wir die mal fragen?«

»Ich habe noch nie einen Weihnachtsmann gesehen«, antwortete die auf ihre Frage. »Angeblich wissen die Stadtmäuse mehr als wir auf dem Land. Ich glaube, ich habe sie schon mal von Weihnachtsmännern reden hören.«

»Aber es gibt doch nur einen Weihnachtsmann«, wandte die Weihnachtsmaus ein.

»Dann habe ich mich verhört.« Die Wühlmaus sauste davon, drehte sich aber noch mal um. »Vielleicht fliegt ihr einfach mal in die Stadt. In dem großen Kaufhaus am Marktplatz wohnen Mäuse, und zwar in den kleinen Türmchen auf dem Dach. Ein Fenster ist immer angelehnt.«

Das Kaufhaus war nicht schwer zu finden. Höflich klopfte die Weihnachtsmaus an das Fenster.

»Hereinspaziert!«, rief eine Stimme, quiekte dann aber erschrocken: »Hilfe! Ein Rabe mit einer goldenen Maus. Ich hatte Opa erwartet.«

Vor ihnen saß eine dicke, fette Maus und sah sie ungnädig an.

»Tut uns leid, dass wir dich erschreckt haben«, entschuldigte sich die Weihnachtsmaus. »Wir suchen den Weihnachtsmann. Eine deiner Verwandten vom Land meinte, du könntest uns einen Rat geben.«

»Weihnachtsmänner gibt es hier wie Sand am Meer«, erklärte die dicke, fette Maus.

»Aber es gibt doch nur einen Weihnachtsmann«, entgegnete Rabe Rudi.

»Bei euch im Wald vielleicht. Im Kaufhaus laufen sie überall herum. Heute ist schon geschlossen. Ausnahmsweise könnt ihr hier übernachten. Draußen schneit es wie verrückt. Käse und Schinken gibt's in der Delikatessenabteilung. Ich würde euch sowieso raten, vom Land in die Stadt zu ziehen. Vor allem du mit deinem goldenen Fell könntest hier Karriere machen. Du würdest ausgestellt oder sogar ausgestopft.«

»Vielen Dank«, sagte die Weihnachtsmaus. »Ausgestopft werden möchte ich nicht. Aber dass wir hier schlafen können, ist wunderbar.«

5. Dezember

Noch 19 Tage bis Weihnachten

Die Weihnachtsmaus und Rabe Rudi übernachten bei einer dicken Maus im Kaufhaus. Dort gibt es leckere Köstlichkeiten aus der Delikatessenabteilung, sodass sie satt und zufrieden einschlafen. Gleich am Morgen wollen sie sich im Kaufhaus die Weihnachtsmänner ansehen. Vielleicht ist ja der richtige dabei …

Wo hat sich die Ratte im Kaufhaus versteckt?

Abenteuer im Kaufhaus

Die Nacht im Kaufhaus war für die Weihnachtsmaus und Rabe Rudi gemütlicher als die Nacht auf dem Baum. Doch morgens wurden sie jäh aus dem Schlaf gerissen, weil die dicke, fette Maus laut quiekend vor ihnen stand. »So, jetzt ab mit euch, ewig kann ich euch nicht durchfüttern.«

»Vielen Dank für das Essen und das Nachtquartier«, bedankte sich die Weihnachtsmaus noch schlaftrunken. »Wenn du mal in unseren Wald kommst, bist du herzlich eingeladen. Auch zu unserem Weihnachtsfest.«

»Mal sehen«, murmelte die dicke, fette Maus. »Landluft und Beeren sind eigentlich nichts für mich. Aber noch einen Rat für dich, Goldmaus: Pass auf, dass dich niemand entdeckt! Die Leute schreien, wenn sie eine Maus sehen. Sogar wenn sie glitzert. Hüte dich vor Fallen, auch wenn Käse und Schinken noch so gut riechen. Und Raben im Kaufhaus sind auch nicht erwünscht. Bleib du mal lieber auf dem Dach sitzen, bis deine Weihnachtsmaus wiederkommt.«

Im Treppenhaus gab es kein Moos oder Gras, keine Bäume und keinen Himmel darüber, es gab nur harte graue Stufen, die von unzähligen Lampen beleuchtet wurden. Die Weihnachtsmaus huschte von Stufe zu Stufe, bis sie schließlich zwischen lauter Tischen, Kleiderständern und Menschenbeinen landete. Endlich hatte sie einen Platz in einem Regal gefunden, von dem aus sie nicht nur Beine, sondern auch die Leute, die dazugehörten, sehen konnte. Wie festlich hier schon alles aussieht!, wunderte sich die Weihnachtsmaus, obwohl der Heilige Abend doch noch ziemlich weit entfernt ist. Überall im Kaufhaus gab es geschmückte Tannen und von allen Seiten ertönte Musik.

Es dauerte nicht lang, da kam ein Weihnachtsmann von der Straße herein. Er war lang und dünn, auch sein Bart war es. Der zweite Weihnachtsmann war klein und dick und sein Mantel war viel zu lang. Der dritte hatte nur eine rote Mütze auf dem Kopf. Und dann flüsterte jemand der Weihnachtsmaus ins Ohr: »Bist du in goldene Farbe gefallen?«

Neben ihr saß eine Ratte.

»Hast du mich erschreckt.« Die Weihnachtsmaus zitterte vor Angst. »Mein Fell ist golden, weil ich die Weihnachtsmaus bin.«

»Weihnachten gab es früher mal«, sagte die Ratte. »Entweder bist du von gestern oder vom Land. Schau dir diese Weihnachtsmänner an. Die bekommen Geld dafür, dass sie im Kaufhaus herumlaufen. Sie sind nicht echt. Den echten Weihnachtsmann gibt es nicht mehr.«

»Den gibt es wohl«, entgegnete die Weihnachtsmaus. »Und genau den suche ich.«

»Du glaubst wirklich an komische Sachen«, kicherte die Ratte. »Jetzt aber hoppla! Man hat uns entdeckt.«

Hinterher wusste die Weihnachtsmaus nicht mehr, wie sie den Treppenaufgang gefunden hatte. Alles, was zwei Beine hatte, schrie: »Fangt die goldene Maus!« Völlig außer Atem traf sie auf Rabe Rudi. Er saß immer noch auf dem Dach, hatte eiskalte Krallen und war weiß vom vielen Schnee.

»Gut, dass du da bist«, sagte er. »Ich habe mich auch ein bisschen umgehört. Angeblich trifft man den Weihnachtsmann am ehesten im äußersten Norden, und zwar dort, wo die Nordlichter leuchten. Aber nur, wenn man großes Glück hat.«

»Und wie kommen wir dorthin?«

»Wir können ein Stück mit dem Zug fahren.«

»Ich habe heute drei Weihnachtsmänner gesehen«, sagte die Weihnachtsmaus müde, als Rabe Rudi sich in die Luft schwang. »Und es gibt noch viel mehr. Nur schade, dass sie alle unecht sind.«

6. Dezember

Noch 18 Tage bis Weihnachten

Weihnachtsmaus und Rabe Rudi sind im Kaufhaus nicht auf den echten Weihnachtsmann gestoßen. Also müssen sie ihn woanders suchen. Vielleicht treffen sie ihn ja im hohen Norden. Dahin kommt man am besten mit dem Zug. Doch weder Rabe Rudi noch die Weihnachtsmaus sind jemals mit einem gefahren. Ob das gut geht?

Welche fünf Gegenstände haben sich zwischen den Weihnachtsbäumen versteckt?

Die Reise mit der Graugans

Hier ist der Bahnhof«, sagte Rabe Rudi und landete auf einem Bahnsteig. Die beiden machten sich auf den Weg zum Warteraum, aus dem wohlige Wärme kam und in dem ein schön geschmückter Weihnachtsbaum stand. Leider wurden sie aus dem Warteraum vertrieben.

»Ich möchte nur wissen, was die Leute gegen uns haben«, sagte die Weihnachtsmaus. »Wir tun ihnen doch nichts.« Schließlich fanden sie unter einer Treppe ein warmes Plätzchen, wo sie sich kurz ausruhen konnten.

»Wenn wir nach Norden wollen«, sagte die Weihnachtsmaus, »müssen wir wissen, wo Norden ist. Nicht, dass wir in die falsche Richtung fahren.«

»Wir Vögel wissen das ziemlich genau«, beruhigte sie Rabe Rudi. »Und der Zug, der gerade einfährt, scheint der richtige zu sein.«

Sie fanden einen Platz in einem Gepäckwagen, in dem es fast gemütlich war. Es roch nach Wald und Weihnachten, weil eine ganze Reihe Tannen und Fichten darin transportiert wurde.

»Schau, lauter Weihnachtsbäume. Fast wie daheim ist es hier«, sagte die Weihnachtsmaus. »Die Bäume riechen so gut. Und dann ist da noch so ein leises Gequake wie von Ente Emma.«

»Hörst du das auch?«, fragte Rabe Rudi.

»Ja, eher ein leises Schnattern«, antwortete die Weihnachtsmaus.

»Wer ist da?«, rief Rabe Rudi.

»Ich bin's!« Das Schnattern wurde lauter. »Helft mir! Ich bin gefangen! Geht einfach geradeaus, dann seht ihr mich.«

»Ach du liebe Zeit«, sagte die Weihnachtsmaus mitleidig, als sie den kleinen Käfig sah, in dem eine Graugans saß. »Wie ist denn das passiert?«

»Man hat mich gefangen«, erzählte die Graugans. »Vermutlich werde ich an Weihnachten mit einem goldenen Band um den Hals verschenkt.«

»Das ist ja furchtbar«, sagte die Weihnachtsmaus.

»Ja, das ist es. Aber noch schlimmer ist, dass ich meine Familie verloren habe. Wir waren an einem See in einem großen Wald. Weil es dort so schön war, haben wir uns überlegt, ob wir Weihnachten nicht lieber dortbleiben sollten, anstatt in den Süden zu ziehen. Und bei all dem Geschnatter haben wir nicht aufgepasst und man hat mich gefangen.«

Rabe Rudi hatte sich inzwischen den Käfig angesehen. »Schaut mal!«, rief er. »Ich kann mit meinem Schnabel den Riegel verschieben. So.« Der Riegel setzte sich in Bewegung – und die Graugans war frei.

»Wie kann ich euch nur danken?«, rief die Graugans.

»Vielleicht kannst du uns helfen, den Weihnachtsmann zu finden«, antwortete die Weihnachtsmaus. »Gestern haben wir gehört, dass er ganz im Norden sein soll.«

Die Graugans schloss die Augen und dachte nach. »Ich bin mit der Schneeeule aus dem Norden befreundet. Ich meine, sie hätte mir einmal vom Weihnachtsmann erzählt. Aber bis zur ihr ist es noch eine weite Reise …«

»Lass uns trotzdem zu ihr gehen«, schlug die Weihnachtsmaus vor.

»Gut, dann müssen wir aussteigen, wenn der Zug das nächste Mal hält«, sagte die Graugans. Aber das dauerte noch bis zum Morgen.

Bis dahin träumte die Graugans von ihrer neu gewonnenen Freiheit und ihrer Familie, Rabe Rudi von einem Stück Käse und die Weihnachtsmaus davon, dass Zwerg Rotmütze die Weihnachtsvorbereitungen fleißig vorantrieb.

7. Dezember

Noch 17 Tage bis Weihnachten

Dass Weihnachtsmaus und Rabe Rudi im Zug auf die Graugans gestoßen sind, ist für die beiden ein Riesenglück. Denn die Graugans kommt aus dem Norden und kennt sich dort gut aus. Sie ist mit der Schneeeule befreundet, die über alles, was im Norden passiert, informiert ist. Und die kennt vielleicht sogar den Weihnachtsmann …

Was ist in den Nebelschwaden zu erkennen?

Auf zur Schneeeule

Der Zug, in dem die Weihnachtsmaus, Rabe Rudi und die Graugans saßen, hielt mit einem Ruck. »Sind wir schon da?«, fragte die Weihnachtsmaus.

»Ja! Schnell raus hier!«, schrie die Graugans. »Sonst fangen sie uns.«

Im gleichen Moment wurde die Tür aufgeschoben und ein paar Männer sprangen in den Waggon. Die Weihnachtsmaus sauste zwischen zwei Beinen hindurch, machte einen Salto und landete im Schnee. Die Graugans und Rabe Rudi flogen knapp über den Köpfen der Männer ins Freie. Kurz darauf trafen sie sich nicht weit vom kleinen Bahnhof entfernt hinter einer Schneewehe.

»Glück gehabt«, schnatterte die Graugans. »Wir fliegen jetzt gemeinsam zur Schneeeule. Die wird euch weiterhelfen. Sie kennt sich bestens aus im hohen Norden. Aber Vorsicht: Es wird neblig, ihr dürft mich also nicht verlieren. Seid ihr so weit? Es geht los.«

Die Graugans erhob sich. Mit ihren großen, kräftigen Flügeln stieg sie hoch hinauf in den grauen, nebligen Himmel. Rabe Rudi hatte Mühe, ihr zu folgen. Und dann – der Nebel wurde immer dichter – war die Graugans verschwunden.

»Sie ist weg«, krächzte Rabe Rudi verzweifelt. »Einfach weg.«

»Du musst ganz laut krächzen«, forderte ihn die Weihnachtsmaus auf. »Die Graugans hört das bestimmt.«

»Nein, sie hört es nicht«, mutlos flatterte Rabe Rudi weiter. »Der Nebel schluckt mein Krächzen. Es hat auch keinen Sinn, dass wir weiterfliegen. Ich weiß nicht mehr, wo wir sind. Ich glaube, wir fliegen immer im Kreis umher.« Erschöpft landete er. »Das ist das Ende. Merkst du, wie wir in den tiefen Schnee einsinken? Weihnachten ade! Bald werden wir verschwunden sein.«

»Nein, das werden wir nicht«, sagte die Weihnachtsmaus. »Wir hatten bis jetzt immer Glück. Und bestimmt merkt die Graugans, dass wir …«

Über ihren Köpfen rauschte es und die Graugans schnatterte aufgeregt: »Schnell, setzt euch auf meinen Rücken, bevor ihr im Schnee versinkt. Dieser Nebel ist fürchterlich. Kein Wunder, dass ihr mich verloren habt.«

Es dauerte nicht lang, da tauchte aus dem Nebel ein Hügel auf, auf dem die Schneeeule thronte. Sie war noch majestätischer als ein Uhu, hatte überall weiße Federn, sogar an den Krallen und auch darunter. »Solche Federn an den Krallen bräuchte ich auch«, flüsterte Rabe Rudi der Weihnachtsmaus ins Ohr. »Da versinkt man nicht mehr.«

Und dann landeten sie auch schon. Die Graugans begrüßte die Schneeeule und erklärte ihr, dass Weihnachtsmaus und Rabe Rudi auf der Suche nach dem Weihnachtsmann waren. Kurz darauf verabschiedete sie sich. »Seid mir bitte nicht böse, aber ich verlasse euch nun und fliege zurück. Ich muss unbedingt meine Familie wiederfinden.«

»Das verstehen wir«, sagte die Weihnachtsmaus. »Aber falls du in unsere Gegend kommst – du hast ja von einem großen Wald gesprochen –, richte bitte unseren Freunden aus, dass wir vielleicht schon bald am Ziel sind.«

»Das mache ich«, versprach die Graugans. »Viel Glück euch beiden!«, rief sie noch, bevor der Nebel sie verschluckte.

»Ihr kommt bestimmt ans Ziel«, schnarrte die Schneeeule freundlich. »Aber ihr braucht Geduld. Von heute auf morgen schafft ihr es nicht. Ich zeige euch, wo ihr schlafen könnt. Morgen sehen wir weiter.«

8. Dezember

Noch 16 Tage bis Weihnachten

Die Weihnachtsmaus und Rabe Rudi sitzen im hohen Norden in einer Höhle fest, die ihnen die Schneeeule gezeigt hat. Draußen tobt ein Schneesturm und die Schneeeule hat ihnen geraten, den Unterschlupf nicht zu verlassen.

Im Winterwunderwald ärgert sich Zwerg Rotmütze inzwischen über Elster Elsie. Er soll die Weihnachtsmaus vertreten, aber Elster Elsie möchte selbst bestimmen. Auch sonst gibt es reichlich Ärger. Ob die Waldtiere so mit den Festvorbereitungen weiterkommen?

Woran siehst du, dass es im Wald sehr kalt ist?

Zwei Waldbewohner kommen sich in die Federn

Zwerg Rotmütze hatte ein schlechtes Gewissen. Vielleicht hätte ich doch nicht gleich das Handtuch werfen sollen, dachte er. Schließlich hat die Weihnachtsmaus mich darum gebeten, die Vorbereitungen für das Fest in die Hand zu nehmen. Entschlossen verließ er seine Werkstatt und stapfte durch den hohen Schnee zum Bach, weil er von dort Stimmen hörte.

Am Ufer traf er Elster Elsie, Waschbär Willi und Käuzchen Karl. »Tut mir leid, dass ich neulich so schnell verschwunden bin«, sagte er. »Ich finde es nach wie vor nicht richtig, dass wir über den Kopf der Weihnachtsmaus hinweg das Fest auf einen anderen Platz verlegen. Ich möchte aber gern weiter bei den Vorbereitungen helfen.«

»Wenn dir alles nicht passt«, entgegnete Elster Elsie schnippisch, »kannst du dich wieder in deine Werkstatt verziehen. Wir kommen auch ohne dich zurecht.«

»Wie redest du denn mit Zwerg Rotmütze?«, schnarrte Käuzchen Karl. »Er ist schließlich der Älteste von uns allen.«

»Dir kann es egal sein, wie ich mit ihm rede. Und du brauchst dich nicht aufzuplustern. Du machst sowieso nichts anderes, als deinen Kopf in verschiedene Richtungen zu drehen. Von Arbeit keine Spur.«

»Jetzt reicht es aber!« Käuzchen Karl fuhr seine Krallen aus. »Ich beobachte Tag und Nacht das Gelände. Fuchs Fritz hat zwar gespurt, sodass man gut sehen kann, bis wohin der Festplatz geht. Aber das ist manchen Tieren ziemlich egal. Zum Beispiel dem Hirsch. Er spaziert immer wieder darüber und jedes Mal muss man ihn freundlich ermahnen, es nicht zu tun. Die Zwerge beginnen ja schon bald mit dem Aufbau der Bühne und der Tombola. Dabei können sie keine Schaulustigen gebrauchen. Du aber plusterst dich nur auf, als ob du die Weihnachtsmaus wärst. Weißt du, was die jetzt schon alles getan hätte? Zum Beispiel hätte sie bereits alle Waldtiere persönlich eingeladen. Sie hätte mit ihnen gesprochen, ihnen zugehört, erfahren, was sie im vergangenen Jahr erlebt haben. Du aber hast noch nichts zustande gebracht.«

»Ich bin doch nicht verrückt«, krächzte Elster Elsie. »Ich habe anderes zu tun, als irgendwelche Waldbewohner zu besuchen, nämlich meinen Weihnachtsschmuck zu putzen und aufzuhängen.«

»Da siehst du mal wieder, wie doof du bist«, stichelte Käuzchen Karl. »Denkst immer nur an dich und deinen Schmuck.«

»Das stimmt nicht!«, krakeelte Elster Elsie. »Und wenn du mich weiter beleidigst, wirst du aus dem Festausschuss entfernt. Dafür sorge ich.«

»Mich entfernen?« Käuzchen Karl kam im Tiefflug direkt auf Elster Elsie zu. »Untersteh dich!«

»Hilf mir, Willi!«, zeterte Elster Elsie.

»Ruhe jetzt!«, bat Zwerg Rotmütze. »So kommen wir nicht weiter. Die Weihnachtsmaus wäre traurig, wenn sie uns hören könnte.«

»Dann soll sie erst einmal zurückkommen.« Elster Elsie rieb sich die Tränen aus den Augen. »Nur, dass ihr es wisst: Eigentlich bin ich nun die Chefin. Schließlich hat sich die Mehrheit von euch für meinen vorgeschlagenen Platz entschieden.«

9. Dezember

Noch 15 Tage bis Weihnachten

Die Weihnachtsmaus und Rabe Rudi verbringen schon den zweiten Tag in ihrer Höhle. Immer noch schneit es. Weihnachten rückt näher und näher und Rabe Rudi beginnt daran zu zweifeln, dass sie jemals den Weihnachtsmann finden werden.

Im Winterwunderwald ist auch nicht alles, wie es sein sollte. Dort geht es ebenfalls nicht so gut voran. Und dann passiert auch noch etwas ganz und gar Unvorhergesehenes.

Elster Elsie vermisst den Weihnachtsschmuck

Elster Elsie hätte ihren Weihnachtsschmuck nie unbeaufsichtigt liegen lassen, nicht einmal in ihrem Nest. Sie traute niemandem, auch ihren Verwandten nicht, die bei glänzenden Steinen, hübschen Ketten oder glitzernden Metallfäden völlig vergaßen, dass es nicht ihr Eigentum war, und es einfach mitnahmen. Sie selbst hatte ihre Kostbarkeiten auch auf diese Art und Weise zusammengesammelt. Weil sie aber nicht immer darauf aufpassen konnte – sie musste ja ab und zu Futter suchen und schlafen –, hatte sie alles sorgfältig in einer tiefen Mulde versteckt. Mit großer Mühe hatte sie sogar noch ein Rindenstück darübergezogen. Darauf lag nun eine dicke Schneedecke und verbarg alles, was auf einen Schatz hätte schließen lassen.

Doch nun hatte jemand das Versteck ausfindig gemacht! Es war leer, als Elsie ihre Schätze zu Waschbär Willi zum Waschen bringen wollte.

»Räuber!«, heulte sie. »Fangt den Dieb!«

Käuzchen Karl kam als Erster angeflogen. »Was ist denn jetzt schon wieder los?«, knarzte er.

»Mein Weihnachtsschmuck ist weg«, jammerte Elster Elsie kläglich. »Gestohlen. Geraubt. Geklaut. Alles, was Weihnachten schön macht, gibt es nicht mehr.«

Diesmal widersprach Käuzchen Karl nicht, obwohl er fand, dass Elsies Schmuck nicht wirklich wichtig war. Viel wichtiger waren die Freunde, die gemeinsam das Fest vorbereiteten. Aber er hatte Mitleid mit ihr, deshalb flog er durch den Wald und rief, so laut er konnte: »Nachricht für Festausschuss! Macht euch sofort auf zu den Fichten am Waldrand. Ende.«

Es dauerte nicht lang, da waren alle versammelt. Weil Elster Elsie vor

Kummer nicht sprechen konnte, unterrichtete Käuzchen Karl die Anwesenden von ihrem Verlust.

»Alles weg«, brachte Elster Elsie mühsam heraus. »Alles, was ich jahrelang gesammelt habe.« Sie zeigte auf die leere Mulde zwischen den kleinen Fichten.

Da brachen auch die Wichtel Ado und Udo in Tränen aus. Zwischen lauten Schluchzern gestanden sie, dass sie Elster Elsies Schätze ausgegraben hatten. »Wir wollten einen Schneemann bauen und haben die Sachen dabei gefunden. Aber wir haben sie nicht gestohlen. Wir wussten ja nicht, dass es Elsies Schmuck ist. Wir dachten, wir hätten einen Schatz entdeckt.«

Elster Elsie schöpfte neue Hoffnung. Streng sagte sie: »Heraus mit der Sprache: Wo ist der Weihnachtsschmuck?«

Da schluchzten die Wichtel noch viel mehr. »Wir haben alles versteckt, aber weil wir so gern suchen, haben wir die Verstecke sofort wieder vergessen.«

»Da hilft nur eins«, erklärte Zwerg Rotmütze, »wir müssen uns alle gemeinsam auf die Suche machen.«

Am Abend hatten sie das meiste gefunden, obwohl Elster Elsie meinte, es sei noch vieles nicht aufgetaucht.

»Wieder viele verlorene Stunden«, jammerten die Moosleutchen. »Unser Teppich muss in zwölf Tagen fertig sein. Spätestens dann wird der Festplatz geschmückt und hergerichtet.«

»So ist es«, stimmte ihnen Zwerg Rotmütze zu. »Genau so.«

10. Dezember

Noch 14 Tage bis Weihnachten

Den Wichteln Ado und Udo steckt immer noch der Schreck über Elster Elsies versteckten Weihnachtsschmuck in den Knochen. Auch sie haben einen ganzen Tag verloren, den sie eigentlich dringend für ihre Weihnachtsbäckerei gebraucht hätten. Überhaupt geht ihnen in dieser Adventszeit nichts so von der Hand wie sonst. Und das macht sie traurig.

Welcher Gegenstand gehört nicht in eine Backstube?

HONIG

Ado und Udo sind unglücklich

Ado und Udo waren Könige in ihrer kleinen Backstube. Sie war klein, weil auch die Wichtel klein waren. Und es gab keinen Ort auf der Welt, an dem sie sich wohler fühlten als dort. In ihrer Backstube wurde nichts versteckt, alles hatte seine Ordnung. Die Mandeln standen links im Schrank und Honig rechts, die Haselnüsse auf dem Küchenbord und daneben gleich Äpfel und Rosinen. Von der Decke baumelten die schönsten Plätzchen-Ausstecher und Kuchenformen. Obwohl alles da stand, wo es hingehörte, war in diesem Jahr trotzdem alles anders.

»Udo«, sagte Ado, »irgendwie haben wir in diesem Jahr noch gar nichts gebacken. Woran liegt das bloß?«

»Ich glaube, es hat mit der Weihnachtsmaus zu tun«, entgegnete Udo.

»Warum mit der Weihnachtsmaus? Sie ist doch gar nicht da.«

»Genau darum«, antwortete Udo. »Ohne sie freue ich mich gar nicht so richtig auf Weihnachten. Erinnerst du dich, wie sie immer zu uns hereingeschlüpft ist? Sie saß auf unserem Küchenstuhl und nagte an unseren Weihnachtsplätzchen und sagte: ›Wie kann man nur so gut backen? Ihr seid Künstler.‹«

»Genau, das hat sie gesagt.« Ado setzte sich auf den Stuhl, auf dem früher immer die Weihnachtsmaus gesessen hatte. »Und sie lobte uns! Sie sagte, kein Bäcker der Welt könne so viele Leckereien für so unterschiedliche Geschmäcker herstellen. Weißt du noch?«

»Und ob ich es weiß!« Eine Träne lief über Udos Gesicht. »Sie erinnerte uns an die Kuchen aus Bucheckern für die Eichhörnchen, an die Rosinenplätzchen, die die Dachse lieben, an die Törtchen mit ganzen Eicheln …«

»… natürlich, daran haben wir noch gar nicht gedacht. Dabei kommen die Wildschweine an Weihnachten vor allem wegen der Törtchen.«

Ado putzte sich geräuschvoll die Nase und Udo setzte sich neben ihn. Dann weinten sie beide, als sie an die Weihnachtsmaus dachten und daran, dass in der Adventszeit niemand mehr an ihren Köstlichkeiten nagte und sie niemand lobte.

Da klopfte es. Zwerg Rotmütze trat ein. »Was ist denn hier passiert?«, fragte er, als er die weinenden Wichtel sah. »Ist es noch wegen Elsies Weihnachtsschmuck?«

»Nicht nur«, schluchzte Ado, »wir weinen, weil die Weihnachtsmaus nicht da ist. Sonst hat sie uns oft besucht und gesagt, wie toll wir alles machen. Jetzt ist sie aber weg. Niemand lobt uns, ganz im Gegenteil, wir werden sogar noch als Diebe verdächtigt.«

»Niemand verdächtigt euch«, beruhigte sie Zwerg Rotmütze. »Und ich wollte einfach mal sehen, wie ihr vorankommt, denn ohne euer Gebäck können wir Weihnachten fast vergessen.«

»Wirklich?« Die Wichtel strahlten.

»Wisst ihr, was?« Zwerg Rotmütze setzte sich auf den dritten Stuhl, der am Tisch stand. Er zog seine Beine ein und seine Zipfelmütze aus und machte es sich gemütlich. »So«, sagte er, »jetzt hätte ich richtig Lust auf einen Kakao aus gerösteten Eicheln – und ein bisschen Appetit habe ich auch.«

Als Zwerg Rotmütze spät am Abend ging, lud er die Wichtel für den nächsten Tag in seine Werkstatt ein. »Ich fühle mich ganz weihnachtlich«, sagte er zum Abschied.

»Wir uns auch«, sagten die Wichtel. »Und morgen fangen wir mit dem Backen an.«

11. Dezember

Noch 13 Tage bis Weihnachten

Die Wichtel Ado und Udo haben ihren Backofen angeheizt, die Mandeln und Haselnüsse gemahlen und alle Zutaten vorbereitet. Jetzt kneten sie in der größten Schüssel, die sie haben, den duftenden Teig für ihre Törtchen.

Die Wichtel singen und summen beim Backen vor sich hin. Seit Zwerg Rotmütze bei ihnen war, ist es ihnen richtig weihnachtlich zumute.

Was entdecken die Moosleutchen beim Schneeschaufeln?

In der Zwergenwerkstatt

Was können wir denn den Zwergen mitbringen?« Nachdenklich kaute Ado an einer Buchecker. Die Wichtel saßen gerade beim Frühstück.

»Gestern hat Zwerg Rotmütze unseren Eichelkakao doch so gelobt. Lass uns noch ein paar Eicheln rösten und mahlen. Und ein paar Plätzchen nehmen wir auch mit.«

Nachmittags, als die Wichtel aus ihrer Backstube kamen, sahen sie die Moosleutchen vor ihren moosigen Häusern. Sie hatten einen Gang durch den Schnee geschaufelt, der bis zur Zwergenwerkstatt führte. Das Moosfrauchen hielt einen Kranz aus Tannennadeln und winzigen Efeublättern im Arm, den sie selbst geflochten hatte.

»Seid ihr auch bei den Zwergen eingeladen?«, fragten die Wichtel.

»Ja, das sind wir«, antworteten die Moosleutchen. »Und darüber sind wir froh, weil wir etwas mit Zwerg Rotmütze besprechen müssen.«

»Was müsst ihr denn besprechen?« Elster Elsie kam von hinten und segelte knapp über sie hinweg.

»Wir haben nicht genug Moos«, antwortete das Moosfrauchen.

»Moos? Darum müsst ihr euch selbst kümmern«, krächzte Elster Elsie und flog weiter.

Das Moosmännchen seufzte und sah ihr nach. »Hat Elster Elsie nicht behauptet, jeder und jede könnte die Weihnachtsmaus ersetzen? Sie kann es auf jeden Fall nicht.«

»Hereinspaziert!«, rief Zwerg Rotmütze aus seiner Werkstatt, als die Wichtel und die Moosleutchen an der Wurzel neben der Treppe klopften. »Vorsicht, die Stufen sind glatt!«

In der Werkstatt waren alle Zwerge versammelt. Sie hobelten, sägten, hämmerten und klebten. Was sie auch machten, sah wunderbar aus. Alles war aus Holz und Rinde, sogar ihr Besteck, ihre Tassen und Teller.

»Was gibt es denn für die Tombola?«, fragten die Wichtel.

»Vorfreude ist die schönste Freude«, sagte Zwerg Rotmütze. »Ich verrate nichts.«

Als sie später bei Kakao und Plätzchen zusammensaßen, fragte das Moosfrauchen die Zwerge: »Sagt mal, werdet ihr fertig mit euren Weihnachtsgeschenken? Unser Moosteppich wird es nämlich nicht.«

»Ist was dazwischengekommen?«, fragte Zwerg Rotmütze.

»Vor allem der hohe Schnee«, antwortete das Moosmännchen. »Kaninchen Karla bemüht sich zwar nach Kräften und scharrt wie verrückt, aber allein schafft sie es nie und nimmer.«

Zwerg Rotmütze schob seine Zipfelmütze hin und her. Das machte er immer, wenn er nachdachte. »Warum holt sich Kaninchen Karla nicht Hilfe von ihren Verwandten? Sie hat doch so viele.«

»Weil Elster Elsie gesagt hat, niemand darf helfen, der nicht zum Festausschuss gehört.«

»So ein Unsinn!« Man sah Zwerg Rotmütze an, wie zornig er war. »Wir hatten immer wieder Helfer, die schnell mal eingesprungen sind. Wenn es Ärger gibt, kommt zu mir.«

Die Moosleutchen bedankten sich. Sofort liefen sie zu Kaninchen Karla und kurz darauf gruben zwanzig Kaninchen nach Moos und Flechten für den Weihnachtsteppich.

12. Dezember

Noch 12 Tage bis Weihnachten

Bei den Moosleutchen geht es endlich voran mit ihrem Teppich. Die ganze große Kaninchenfamilie gräbt und scharrt im Schnee und befördert jede Menge Moos und Flechten an die Oberfläche. Die Moosleutchen sind zufrieden. Auch sie summen nun beim Weben und Knüpfen des Teppichs weihnachtliche Melodien und erzählen sich schöne Geschichten von früheren Weihnachtsfesten.

Aber nicht alle im Wald sind so heiter und haben so friedliche Gedanken ...

Welche alte Bekannte kommt in den Wald?

Elster Elsie trommelt zum Kampf

Ich finde, wir müssen dem Uhu mal wieder eine Lektion erteilen«, sagte Elster Elsie zu ihrer Tante Erika.

»Aber die Weihnachtsmaus will doch nicht, dass wir ihn ärgern. Schon gar nicht vor Weihnachten«, antwortete die Tante.

»Die Weihnachtsmaus ist nicht da. Und Zwerg Rotmütze sieht man auch nicht oft«, krakeelte Elster Elsie. »Und mir habt ihr es zu verdanken, dass wir am Bach feiern und nicht in dieser Höhle, die diesem schlecht gelaunten Uhu gehört. Wenn der Uhu also kommt, greifen wir an. Das kann er überhaupt nicht leiden. Dann wird er stocksauer und wird uns in Zukunft seine Höhle keinesfalls mehr überlassen wollen.«

Nicht alle Elstern fanden diesen Plan gut, sie waren immer gern beim Weihnachtsfest dabei. Außerdem mochten sie die Weihnachtsmaus. Aber auf der anderen Seite musste man auch zusammenhalten. Darum stieg ein ganzer Schwarm auf, als der Uhu in der Dämmerung zur Jagd unterwegs war. Die Elstern umkreisten ihn und schrien laut. Es war ein scheußliches Getöse, das alle Waldbewohner aufschrecken ließ.

Zwerg Rotmütze kam als Erster angelaufen. »Die schöne Höhle können wir für unser Fest vergessen«, sagte er traurig zu Käuzchen Karl.

»Was hat der Uhu den Elstern denn getan?«, fragte Käuzchen Karl.

»Wahrscheinlich gar nichts«, antwortete Zwerg Rotmütze. »Elster Elsie will höchstens den Uhu dazu bringen, dass er uns nie mehr in die Höhle lässt. So kann sie der Weihnachtsmaus erklären, warum wir auf einen anderen Platz ausweichen mussten.«

Als der Uhu das Weite suchte – gegen so viele Elstern kam selbst er nicht an –, landeten die Elstern am Bach.

»Das haben wir toll gemacht«, erklärte Elster Elsie stolz. »Diesem scheußlichen Raubvogel haben wir gezeigt, wo's langgeht.«

»Ihr solltet euch schämen!«, rief Zwerg Rotmütze. »Hat euch der Uhu etwas getan? Nein! Aber wir haben jetzt einen schönen Festplatz weniger. Das wird euch die Weihnachtsmaus nie verzeihen.«

»Wäre sie dageblieben, wäre es nicht passiert«, verteidigte sich Elster Elsie. »Außerdem ist es am Bach sowieso besser.«

Die Streitereien nahmen ein Ende, als über ihnen ein Flügelschlagen zu hören war und eine große Graugans neben ihnen landete. »Guten Abend«, schnatterte sie. »Bin ich hier richtig im großen Wald?«

Alle, die um die Graugans herumstanden, nickten. »Dann kann ich euch nämlich viele Grüße von eurer Weihnachtsmaus und dem Raben Rudi ausrichten. Sie haben ihr Ziel fast erreicht und kommen so bald wie möglich zurück.«

»Hoffentlich nicht schon morgen«, flüsterte Zwerg Rotmütze. »Die Weihnachtsmaus wäre entsetzt, wenn sie das Chaos hier mitbekäme.«

Ente Emma watschelte einen Schritt auf die Graugans zu. Obwohl sie sich sonst wenig merkte, fiel ihr plötzlich etwas ein. »Bist du zufällig die Gans, die ihre Familie sucht?«, fragte sie. »Ein ganzer Schwarm Graugänse wartet nämlich am Schilfsee auf ein Familienmitglied.«

»Ja, das bin ich!« Die Graugans war überglücklich. »Wo ist denn der See? Ich fliege gleich dorthin!«

»Ein paar Flügelschläge Richtung Sonnenuntergang«, antwortete Ente Emma. »Da sind sie gelandet.«

»Falls ihr in der Nähe bleibt«, rief Zwerg Rotmütze der Graugans hinterher, als sie davonflog, »könnt ihr am Heiligen Abend mit uns feiern!«

»Vielen Dank für die Einladung!«, antwortete die Graugans. »Das machen wir gern!«

13. Dezember

Noch 11 Tage bis Weihnachten

Während im Wald weiterhin Chaos herrscht, verlieren die Weihnachtsmaus und Rabe Rudi wegen des Schneesturms wertvolle Zeit. Zum Glück sitzen sie an einem geschützten Platz. Die Schneeeule bringt ihnen Körner und Käse für Rudi. Aber ihre Hoffnung, dass sie wirklich noch den Weihnachtsmann treffen, schwindet immer mehr.

Wer ist aus der Hütte geschlichen?

In der Schneewüste

Traurig sah die Weihnachtsmaus aus der kleinen Höhle hinaus in die Schnee- und Eiswüste, über die noch immer ein wütender Sturm tobte.

»Wenn dieses scheußliche Wetter nicht bald aufhört, sitzen wir an Weihnachten immer noch hier drin«, jammerte Rabe Rudi. »Und die Schneeeule wird auch irgendwann die Lust verlieren, uns mit Essen zu versorgen.«

»Oh, schau nur!«, rief die Weihnachtsmaus. »War da nicht gerade ein Sonnenstrahl?«

Sie hatte sich nicht geirrt: Ganz plötzlich hatte das Toben nachgelassen und die Sonne zauberte ein Glitzern auf die verschneite, hügelige Landschaft, die sie bisher in all ihrer Pracht noch gar nicht gesehen hatten – zuerst wegen des Nebels, dann wegen des Schneetreibens.

Mit einem schrillen, kräftigen Ruf kündigte sich die Schneeeule an. »Wir fliegen los!«, rief sie von draußen. »Und zwar sofort. Es klart auf. Ich bringe euch zu einer Hütte, die im Winter nicht bewohnt ist.« Kaum waren die Weihnachtsmaus und Rabe Rudi aus ihrer Höhle geklettert, sagte die Schneeeule: »Es ist bitterkalt. Setzt euch alle beide auf meinen Rücken. Meine Federn wärmen euch. Ab morgen müsst ihr dann allein weiterkommen.«

Vom Rücken der Schneeeule hatten die Weihnachtsmaus und Rabe Rudi einen wunderbaren Blick auf die winterliche Landschaft. »Weihnachtlicher kann es eigentlich gar nicht sein«, sagte die Weihnachtsmaus zu Rabe Rudi. »Hast du schon jemals so viel glitzernden Schnee gesehen? Kein Wunder, dass der Weihnachtsmann hier wohnt.«

»Und weißt du, weil ich nicht selbst fliegen muss, kann ich das alles richtig genießen«, antwortete Rabe Rudi vergnügt.

Eine Zeit lang flogen sie schweigend dahin. Irgendwann sagte die Schneeeule: »Wenn ihr Glück habt, seht ihr das eine oder andere Rentier auf eurer Reise. Die meisten von ihnen werden den Weihnachtsmann kennen. Achtet auf die prächtigen Nordlichter. Sie sind nun euer Wegweiser. Dort, wo sie Himmel und Erde gleichzeitig berühren, werdet ihr den Weihnachtsmann treffen.«

»Danke, liebe Schneeeule, für alles.« Die Weihnachtsmaus kraulte der Schneeeule die weichen Federn im Nacken.

»Jetzt aber runter mit euch! Wir sind da.« Die Schneeeule landete auf einer kleinen Hütte, die fast zwischen den großen Schneewehen verschwand. »Sonst kommen mir noch die Tränen. Inzwischen habe ich mich nämlich schon ziemlich an euch gewöhnt. Hier oben im Norden hat man einfach nicht so viel Gesellschaft.« Verlegen drehte sie ihren Kopf hin und her. »Übrigens ist dahinten ein Brett locker. Da könnt ihr einsteigen, dann habt ihr heute Nacht ein Dach über dem Kopf. Lebt wohl. Und gute Reise!«

»Auf Wiedersehen!« Die Weihnachtsmaus und Rabe Rudi winkten der Schneeeule noch lange nach. Von Weitem hörten sie ihren schrillen Abschiedsruf.

14. Dezember

Noch 10 Tage bis Weihnachten

Der Sturm ist endlich vorbei. Die Wolken haben sich verzogen und viele Tausend Sterne stehen am Himmel. Aber nicht nur sie strahlen, sondern auch die bunten Nordlichter. Die Weihnachtsmaus und Rabe Rudi sind wieder zuversichtlich, dass ihre Reise doch nicht umsonst sein wird, zumal sie unerwartete Hilfe bekommen.

Welchen Gegenstand brauchen die Rentiere eigentlich nicht?

Rentiere als freundliche Begleiter

Die Weihnachtsmaus und Rabe Rudi wachten erst auf, als sie Trappeln von Hufen vor der Hütte hörten. Eine Herde Rentiere hatte sich davor eingefunden.

»Zufällig haben wir die Schneeeule getroffen«, berichtete das größte Rentier, als die Weihnachtsmaus und der Rabe Rudi durch das lose Brett aufs Dach gestiegen waren. »Sie sagte, wir sollten uns um euch kümmern. Und wir sollen euch zum Weihnachtsmann begleiten. Dorthin wollt ihr doch?«

»Unbedingt«, sagte die Weihnachtsmaus.

»Wir haben gestern das erste Mal die bunten Nordlichter gesehen«, erzählte Rabe Rudi, »und uns kam es so vor, als ob wir nur noch ein paar Schritte gehen müssten.«

»Da täuscht ihr euch gewaltig«, belehrte sie ein etwas vorlautes und sehr junges Rentier. »Zwei Tage müsst ihr mindestens noch rechnen. Der Weihnachtsmann wohnt hinter den Nordlichtern, ihr müsst also durch sie hindurchgehen. Dort bereitet er sich gerade auf seine Reise zu den Menschen vor.«

»Wir zeigen euch den Weg«, erklärte das große Rentier. »Steigt auf!«

»Feiert ihr denn auch Weihnachten?«, fragte die Weihnachtsmaus, als sie später eine kurze Pause einlegten. »Der Weihnachtsmann ist ja unterwegs.«

»Natürlich feiern wir«, ließ sich wieder das jüngste der Rentiere vernehmen. »Nur ein bisschen anders als ihr.«

»Wie denn?«, wollte Rabe Rudi wissen.

»Unsere Feier«, erklärte ein schneeweißes Rentier, das offenbar zusammen mit dem großen Rentier das Sagen hatte, »ist das Abschiedsfest für den Weihnachtsmann und die beiden Rentiere, die ihn begleiten. Diese Rentiere werden allerdings erst durch ein Sternen-Los bestimmt.«

»Sternen-Los?«, fragte die Weihnachtsmaus. »Davon habe ich noch nie etwas gehört.«

»Der Weihnachtsmann lässt silberne Sterne fliegen, die langsam herabschweben. Zwei Sterne sind etwas größer als die anderen und glitzern besonders schön. Die beiden Rentiere, auf denen diese Sterne landen, begleiten den Weihnachtsmann.«

»Das hört sich ja wunderbar an«, flüsterte die Weihnachtsmaus ganz ergriffen.

»Das ist es auch«, warf das kleine und vorlaute Rentier ein. »Ihr könnt euch nicht vorstellen, wie schön und feierlich das alles ist. Und wie geehrt sich die Rentiere fühlen, die den Weihnachtsmann begleiten dürfen. Jedes Rentier darf nur ein einziges Mal mit auf die Reise gehen. Wenn ich groß bin, werde ich vielleicht auch einmal das Glück haben. Jetzt bin ich leider noch zu jung. Schade.«

»Das ist also unser ganz besonderes Weihnachtsfest«, beendete das große Rentier die Geschichte.

»Aber nun sollten wir weitergehen«, schlug das schneeweiße Rentier vor, »noch ist das Wetter gut.«

15. Dezember

Noch 9 Tage bis Weihnachten

Während der ganzen Reise hatten es Weihnachtsmaus und Rabe Rudi noch nie so gut wie auf dem warmen Rücken der Rentiere. Auch in der kalten Nacht frieren sie nicht, weil die Rentiere sie in ihre Mitte nehmen. Dann bricht der letzte Tag auf der Suche nach dem Weihnachtsmann an …

Rabe Rudi und die Weihnachtsmaus sind glücklich!
Wen werden sie bald treffen?

Das Ende der Reise naht

Ich kann's nicht glauben«, jubelte die Weihnachtsmaus, »dass wir nach dieser langen Suche wirklich noch ankommen. Dachtest du auch manchmal, wir schaffen es nicht, Rudi?«

»Und ob«, antwortete der Rabe. »Ich wollte ja gleich am Anfang wieder umkehren.«

»Wie gut, dass wir uns dann doch durchgekämpft haben.«

Auf dem Rücken der Rentiere war die Reise ein Vergnügen. Es schneite nicht, es war weit und breit kein Nebel zu sehen und die Nordlichter leuchteten ihnen in der Dämmerung so hell, dass die Rentiere ihren Weg mühelos fanden.

Die Weihnachtsmaus huschte über den Rücken des Rentieres bis zu einem seiner Ohren und flüsterte: »Danke, dass du uns trägst, und danke für diese wunderbare Wanderung durch die glitzernde weiße Landschaft.«

»Das ist eine Ehre für mich«, antwortete das Rentier. »Denn wer von uns hat schon einmal einen Raben und eine Weihnachtsmaus transportiert?«

Die Nordlichter kamen näher und näher. Sie verbanden den Himmel mit der Erde und leuchteten so unglaublich hell, als ob sie das ganze Weltall mit Licht versorgen wollten. Sie veränderten sich immerzu und wechselten ihre Farben und ihre Form. Wie ein stilles Feuerwerk malten sie bunte Streifen, flackernde Blitze und große Tupfen in die Dunkelheit, mal rot, mal violett, blau oder grün.

»Niemand daheim wird uns glauben, was wir heute sehen«, flüsterte die Weihnachtsmaus. »So ein besonderes Weihnachtsgeschenk bekommen die wenigsten auf der Welt.« Sie war so versunken in den Anblick der Nordlichter, dass sie erschrak, als das Rentier stehen blieb und sagte: »So, ihr zwei, durch die Nordlichter hindurch müsst ihr selbst gehen. Aber die Wanderung ist weder gefährlich noch weit, sondern einfach nur schön.«

Das Rentier knickte seine Beine ein und legte sich auf die Erde, sodass die Weihnachtsmaus und Rabe Rudi absteigen konnten.

Auf dem Weg durch die Nordlichter gingen sie beide zu Fuß. Alles war sehr geheimnisvoll und sehr, sehr still. Immer wieder wurden sie von einem anderen Licht ein Stück weit begleitet, bis es verlosch und ein neues Licht in anderer Farbe ihnen den Weg wies.

Und schließlich war da nur noch ein lichtgrüner Vorhang, der sich teilte, und sie traten hinaus in eine hell glitzernde Schneelandschaft. Viele Rentiere liefen hin und her und schabten mit den Hufen nach Moos und Flechten. Mittendrin stand ein großer Schlitten und ein Mann im roten Mantel und mit roter Mütze auf dem Kopf ging um ihn herum.

»Weihnachtsmann!«, rief die Weihnachtsmaus, so laut sie konnte. »Weihnachtsmann! Endlich haben wir dich gefunden.«

Der Weihnachtsmann drehte sich um. »Träume ich«, fragte er, »oder seid ihr es wirklich? Meine liebe Weihnachtsmaus und der Rabe Rudi aus dem Winterwunderwald?«

»Wir sind es!« Die Weihnachtsmaus weinte vor Freude und auch Rabe Rudi wischte sich mit der Flügelspitze die Tränen aus den Augen. »Wir haben uns solche Sorgen um dich gemacht.«

»Aber warum denn? Wir sehen uns doch am Heiligen Abend«, sagte der Weihnachtsmann.

»Wirklich?« Die Weihnachtsmaus riss vor Staunen Mund und Augen auf. »Man hat uns ausrichten lassen, du würdest nicht kommen. Vielleicht nie mehr.«

Der Weihnachtsmann strich sich nachdenklich über den Bart. »Kommt, wir machen es uns in meinem kleinen Haus gemütlich«, sagte er, »und ihr erzählt mir, was passiert ist.«

16. Dezember

Noch 8 Tage bis Weihnachten

Wie schön es ist, beim Weihnachtsmann zu sein. Auch die beiden letzten Tage mit den Rentieren waren schön. Weihnachtsmaus und Rabe Rudi haben die magischen Nordlichter gesehen und sie durchquert. Aber wie verblüfft sind sie über das, was der Weihnachtsmann sagt! Sie reißen Mund und Schnabel auf. War alles nur ein großes Missverständnis?

Wie viele Engelchen kannst du zählen?

Fragen über Fragen

Das Haus des Weihnachtsmanns bestand vollkommen aus Schnee. Trotzdem war es in seinem Inneren gemütlich warm, weil alle Wände mit rotem Samt ausgeschlagen waren. Weihnachtsmaus und Rabe Rudi saßen auf bequemen Kissen. Der Weihnachtsmann hatte auf einem großen roten Sessel ihnen gegenüber Platz genommen. Ein paar kleine Weihnachtsengel hatten ihnen etwas zu trinken und zu essen gebracht. Und dann berichtete die Weihnachtsmaus von den Irrlichtern und davon, was sie ihnen ausgerichtet hatten. Und sie erzählte von ihrem Entschluss, den Weihnachtsmann zu suchen.

»Wie haben denn die Irrlichter diese merkwürdige Botschaft bekommen?«, fragte der Weihnachtsmann eindringlich.

»Ein kleiner Engel hat sie gebracht!«

»Keiner der Weihnachtsengel war bisher unterwegs.« Der Weihnachtsmann schüttelte den Kopf. »Das wüsste ich.«

»Meinst du, dass die ganze Geschichte einfach ein böser Streich war?«, fragte die Weihnachtsmaus ungläubig. »Aber die Irrlichter würden niemals lügen, höchstens ein bisschen Schabernack treiben.«

»Vielleicht sind auch sie getäuscht worden. Möglich ist es auf jeden Fall«, meinte der Weihnachtsmann. »Fragt sich nur, wer so etwas macht.«

»Egal!« Die Weihnachtsmaus lachte. »Du kommst zu uns und das ist doch die Hauptsache.«

»Hoffentlich wird unser Fest auch diesmal so schön wie sonst.« Rabe Rudi blickte sorgenvoll vor sich hin. »Wir sind Hals über Kopf aufgebrochen. Die Weihnachtsmaus hat zwar noch Aufgaben verteilt, aber wir wissen nicht, wie die Waldbewohner ohne uns zurechtkommen. Und es sind nur noch acht Tage bis Weihnachten.«

»Es wird sicher wieder ein wunderbares Fest«, versicherte der Weihnachtsmann.

»Immerhin feiern wir in der großen Höhle«, berichtete die Weihnachtsmaus vergnügt. »Dort hast du uns damals kennengelernt. Weißt du noch?«

»Mein erstes richtiges Weihnachten war das. In der Höhle wimmelte es von Waldbewohnern. Und trotzdem war alles so friedlich. Und wie gut wir versorgt worden sind. Die Wichtel haben uns gleich von ihrem Gebäck angeboten, die Moosleutchen von ihrem selbst gepressten Beerensaft und die Rehe haben für die Rentiere Heu gebracht. Der Höhepunkt war das Konzert deiner Mausefamilie. Es war wunderbar!« Versonnen lächelte der Weihnachtsmann.

»Ich bin froh, dass die Geschichte offenbar nur ein Missverständnis war«, sagte die Weihnachtsmaus. »Aber nun sollten wir uns schleunigst auf den Rückweg machen, damit alles vorbereitet ist, wenn du kommst.«

»Ihr reist am besten mit meinen Rentieren«, schlug der Weihnachtsmann vor. »Die können euch zwar nicht ganz bis nach Hause begleiten, aber ein großes Stück. Geht einfach wieder durch die Nordlichter hindurch. Dahinter trefft ihr die Rentiere, die sich um euch kümmern werden. Und nun …« Der Weihnachtsmann strich der Weihnachtsmaus über ihr goldenes Fell und dem Raben über sein schwarzes Gefieder. »… wünsche ich euch eine gute Reise. Und in ein paar Tagen sehen wir uns. Ihr könnt euch kaum vorstellen, wie ich mich darauf freue.«

17. Dezember

Noch 7 Tage bis Weihnachten

Während Rabe Rudi und die Weihnachtsmaus es kaum erwarten können, wieder zurück in den Winterwunderwald zu kommen, herrscht dort noch immer Streit. Schafft es Zwerg Rotzmütze, für Frieden zu sorgen, bevor die Weihnachtsmaus zurückkehrt?

Wer hält in der Höhle des Uhus Winterschlaf?

Der Uhu bekommt Besuch

Der Uhu war groß, er war stark und er war nicht besonders freundlich. Darum war er auch nicht beliebt. Aber verlassen konnte man sich auf ihn. Weil er die Weihnachtsmaus mochte, hatte er sich in der Adventszeit immer bemüht, keinen Streit zu beginnen. Die Weihnachtsfeste, die sie organisierte, fand er großartig!

Aber was Elster Elsie und ihre Familie sich erlaubt hatten, fand er frech. Seit die Weihnachtsmaus verschwunden war, schien das Chaos ausgebrochen zu sein. Nie wäre es früher möglich gewesen, dass die Elstern grundlos mit ihm Streit angefangen hätten. Nie hätte die Weihnachtsmaus das zugelassen und in diesem Jahr schon gar nicht. Schließlich sollte das Fest ja in seiner Höhle stattfinden.

Als der Uhu darüber nachdachte, wie er sich gegen die Elstern wehren konnte und ob er ihnen in Zukunft den Zutritt zu seinem Revier verbieten sollte, hörte er seinen Namen rufen. Weit unter dem breiten Felsspalt, in dem er wohnte, stand Zwerg Rotmütze.

»Was ist?«, schrie der Uhu hinunter.

»Ich würde gern was mit dir besprechen!«, rief Zwerg Rotmütze nach oben.

»Bin gleich da!« Kurz darauf landete der Uhu neben ihm. »Also, um was geht es?«, fragte er.

»Ich möchte mich für die Elstern entschuldigen«, antwortete Zwerg Rotmütze.

»So einfach ist die Sache nicht«, entgegnete der Uhu. »Elster Elsie hat den Streit angezettelt. Immerhin ist sie Mitglied in eurem Festausschuss.«

»Ich weiß und das tut mir leid. Die Weihnachtsmaus wird todunglücklich sein, wenn sie von diesem Streit erfährt. Darum möchte ich dich bitten, dass wir trotz der Elstern die Höhle als Festsaal nutzen dürfen.«

Der Uhu überlegte kurz. Dann sagte er: »Das dürft ihr, aber nur, wenn sich Elster Elsie bei mir entschuldigt. Ist das klar?«

»Ich werde es ihr ausrichten«, versprach Zwerg Rotmütze. Er zog seine Mütze und verabschiedete sich.

Seufzend ging er zurück in seine Werkstatt. Dort wartete noch jede Menge Arbeit auf ihn. Nicht nur Elster Elsie sorgte für Probleme. Die Zwerge hatten festgestellt, dass sie zu wenig Holz für die Geschenke hatten, die sie noch schreinern und drechseln wollten. Darum zogen sie gemeinsam los und suchten nach abgebrochenen Ästen. Aber wegen des vielen Schnees fanden sie nichts, was sie verwenden konnten.

Zum Glück kam Käuzchen Karl angeflogen, der von oben einen ganzen Stoß Holz entdeckt hatte. »Gehört das niemandem?«, fragten die Zwerge. Aber Käuzchen Karl konnte sie beruhigen. Das Holz hatte eine Biberfamilie gefällt. Die war im Sommer bereits umgezogen.

»So gutes Holz hatten wir schon lange nicht mehr«, freute sich Zwerg Rotmütze. »Das ist ja schon fast wie Weihnachten.« Jeder von den Zwergen schulterte einen Ast und trug ihn in die Werkstatt.

Das Gespräch mit Elster Elsie verschob Zwerg Rotmütze auf den nächsten Tag. Vielleicht würde sich doch noch manches zum Guten wenden.

18. Dezember

Noch 6 Tage bis Weihnachten

Zwerg Rotmütze hat den Uhu einigermaßen beruhigt und mithilfe von Käuzchen Karl eine riesige Menge wunderbares Holz entdeckt. Die Geschenke sind also gerettet. Nun muss er nur noch mit Elster Elsie sprechen …

Wo ist die schöne rote Kugel von Elster Elsie?

Waschbär Willi wehrt sich

Elster Elsie landete am Bachufer und betrachtete den Platz, den sie als Festplatz ausgesucht hatte. Er sah furchtbar aus. Waschbär Willi hatte auf ihren Wunsch hin mehrere Löcher gegraben und sie mit Wasser gefüllt. Darin sollte er den Weihnachtsschmuck waschen, den er viel lieber im Bach gewaschen hätte. Aber Elster Elsie hatte es ihm verboten. »Bist du verrückt?«, hatte sie zu ihm gesagt. »Der Weihnachtsschmuck wird doch abgetrieben. Dann geht das Beste von Weihnachten den Bach runter.«

So hatte er die bunten und glitzernden Scherben und die silbernen Fäden in den Wasserlöchern gewaschen. Und jetzt sollte er die Löcher wieder mit Erde auffüllen, weil die Moosleutchen sonst ihren Teppich nicht auslegen konnten.

»Weißt du überhaupt, was das für eine Arbeit war, in den gefrorenen Boden Löcher zu graben?«, fragte Waschbär Willi erbost, als sich Elster Elsie über seine Faulheit beschwerte. »Und überhaupt ...«, zornig stampfte er mit den Hinterpfoten auf, »... kannst du die Löcher selbst auffüllen. Du hast doch auch Krallen und einen Schnabel.«

»Du undankbarer Bär, du!«, zeterte Elster Elsie und hackte nach ihm. Aber weil genau in diesem Moment Zwerg Rotmütze auftauchte, ließ sie das Hacken sein.

»Guten Morgen«, wurden sie von Zwerg Rotmütze begrüßt. »Ich war gestern beim Uhu. Du solltest dich bei ihm entschuldigen, Elsie, damit wir alle an Weihnachten in seiner Höhle feiern dürfen.«

»Ich mich bei diesem scheußlichen Kerl entschuldigen? Ich denke nicht daran. Überhaupt feiern wir ja nicht bei ihm, sondern hier.«

»Da bin ich mir nicht so sicher.« Zwerg Rotmütze sah sich um. »So wie der Platz aussieht, ist das unmöglich.«

»Genauso sehe ich das auch«, erklärte das Moosmännchen, das gerade vorbeiging.

»Weihnachten ist noch weit«, krächzte Elster Elsie. »Wir haben Zeit genug. Waschbär Willi wird alles in Ordnung bringen.«

»Nein, das werde ich nicht«, widersprach der Waschbär.

Niemand bemerkte, dass auf leisen Schwingen der Uhu angeflogen war. Er saß auf einer der hohen Tannen, und weil er gut hören konnte, hatte er jedes Wort von Elster Elsie verstanden.

»Soso!«, grollte er. »Der scheußliche Kerl, wie du mich genannt hast, wartet noch immer auf deine Entschuldigung. Wenn ich du wäre, würde ich mich nicht zu lange darum drücken.«

Elster Elsie warf einen schnellen Blick auf den Uhu, der sie mit seinen gelben Augen fixierte. Allein wegfliegen traute sie sich nicht. Und niemand schien auf ihrer Seite zu sein.

So blieb ihr nichts anderes übrig, als ein krächzendes »Entschuldigung« in die Richtung des Uhus auszustoßen.

»Jetzt sind wir quitt«, knarrte der Uhu. Nach diesen Worten erhob er sich und segelte davon.

»Bin ich froh«, sagte Zwerg Rotmütze und sah dem Uhu hinterher, »dass sich die Sache so gut gelöst hat.« Zwischen den hohen Tannen, die in ihrem Winterschmuck königlich aussahen, entdeckte er die Wichtel, die ihre Küchengeräte im Schnee sauber machten und dabei sangen. Endlich wird es weihnachtlich, dachte er. Eigentlich sind wir mit unseren Vorbereitungen doch schon ganz schön weit. Und jetzt, da uns die Höhle sicher ist, ist auch das Chaos am Bach nicht mehr wichtig. Die Weihnachtsmaus wird nicht enttäuscht sein. Vielleicht ist sie sogar ein bisschen stolz auf uns.

19. Dezember

Noch 5 Tage bis Weihnachten

Weihnachtsmaus und Rabe Rudi freuen sich auf zu Hause. Sie haben die Nordlichter durchwandert und auf der anderen Seite die Rentiere getroffen. Auf einem von ihnen sind sie durch die unendliche Schneelandschaft geritten und haben ein letztes Mal die Schneeeule gegrüßt. Der Zug hat sie zurück in die Stadt mit dem Kaufhaus gebracht. Von dort ist es nicht mehr weit bis zum Wald.

Welche Tiere sind schon wach?

Von Siebenschläfern und singenden Mäusen

Daisy und Dago Dachs waren unterwegs auf ihrer täglichen Wanderung, um alle Winterschläfer wach zu rütteln. »Weißt du übrigens«, fragte Daisy, »dass die Siebenschläfer so heißen, weil sie sieben Monate im Jahr schlummern?«

»Schlummern nennst du das! Ich nenne es schnarchen«, antwortete Dago.

»Hoffentlich haben wir uns alle Winterverstecke der Schnarchnasen gemerkt«, seufzte Daisy. »Schrecklich, wenn wir jemanden vergessen würden.«

»Daran mag ich gar nicht denken«, entgegnete Dago. »Lass uns einfach aufzählen, wer schon wach ist: Wach sind der Igel, die Eichhörnchen, die ja sowieso im Winter immer mal wieder munter werden, die Haselmaus, der Maulwurf am Acker direkt neben dem Wald, der aber nur selten tief schläft, die Glühwürmchen … und ein Teil der Siebenschläfer.«

»Weißt du, wen wir vergessen haben?« Daisy zeigte zum Waldrand hinüber. »Wir haben den Hamster vergessen.«

»Genau, der wohnt ja in der Nähe der Weihnachtsmaus und ihrer Familie. Wie gut, dass es dir eingefallen ist. Lass uns gleich mal hingehen.«

Der Hamster hatte mehrere Eingänge zu seiner Höhle. In einen davon riefen sie nun hinein. »Hallooo, Hamster Herbert! Hallooo!« Nichts rührte sich. »Halloooo!«, riefen sie nochmals.

»Wer ist denn da?«, ertönte es nach einer Weile aus dem Hamsterbau.

»Wir sind's, Daisy und Dago! Wir wollten dich wecken und dich an Weihnachten erinnern!«

»Daran werde ich täglich erinnert.« Der Hamster kam aus seinem

Bau. Er hatte seit dem Herbst ordentlich zugenommen und war noch etwas runder als sonst.

»Wer weckt dich denn? Sonst sind es doch immer wir«, wunderte sich Daisy.

»Diesmal ist es anders«, erklärte Hamster Herbert. »Ihr wisst doch, dass die große Familie unserer Weihnachtsmaus nicht weit entfernt wohnt. Und die Familienmitglieder haben zusammen einen – ja, wie soll ich sagen – einen Probenraum gegraben, der an meine Wohnung grenzt. In diesem Raum üben sie seit Wochen täglich für das große Weihnachtskonzert. Darum ist an Winterschlaf nicht zu denken. Aber das macht mir nichts aus, denn der Gesang ist so wunderbar und weihnachtlich, dass ich meine Strohliege ganz dicht an die Wand gerückt habe, damit ich sie hören kann. Dabei knabbere ich natürlich auch ab und zu ein paar Körner.«

Schuldbewusst deutete er auf seinen dicken Bauch. »Bis Weihnachten schlafe ich also nicht so viel. Dann sind meine Vorräte sowieso aufgebraucht. Spätestens ab da werde ich mich zur Ruhe begeben.«

»Wenn das so ist, können wir ja beruhigt wieder gehen«, meinte Daisy. »Du wirst das Fest also keinesfalls vergessen.«

»Oh nein. Keine Angst. Ich komme mit dem Mäusechor.«

20. Dezember

Noch 4 Tage bis Weihnachten

Wie schnell die Zeit vergeht und Weihnachten näher und näher rückt. Wenn nur endlich die Weihnachtsmaus auftauchen würde. Wo sie nur bleibt? Hat die Graugans nicht schon vor einigen Tagen so getan, als ob Weihnachtsmaus und Rabe Rudi fast schon wieder auf dem Heimweg wären?

Wann kommt denn endlich die Weihnachtsmaus?

Magst du uns nicht helfen, die letzten Siebenschläfer zu wecken?«, fragte Daisy Dachs ihren Untermieter Fritz Fuchs, als sie ihn am Morgen aus der gemeinsamen Höhle kommen sah. Die Dachse hatten ihn vor langer Zeit bei sich aufgenommen.

»Ungern.« Fuchs Fritz schüttelte den Kopf. »Irgendwie spüre ich den Wetterwechsel. Die eisige Kälte hört auf, dafür wird es wieder schneien. Ich merke es an meinen alten Knochen. Und wenn es schneit, muss ich alles neu spuren. Das ist viel Arbeit.«

»Also wirklich«, beschwerte sich Daisy Dachs. »Du wohnst seit Jahren bei uns, lüftest nie deine Kissen, sondern überlässt es immer mir, aber helfen willst du uns nicht. Ich finde das ein starkes Stück.«

»Jetzt geht es um Weihnachten, nicht um Kissen«, grummelte der Fuchs. Die Sache mit den Kissen war ihm peinlich.

»Kann ich euch helfen?« Waschbär Willi trottete traurig durch den Wald. Er hasste Streit und es machte ihm viel aus, dass Elster Elsie nichts mehr mit ihm zu tun haben wollte. »Ich habe nämlich Zeit.«

Obwohl Elster Elsie ganz in der Nähe saß, krakeelte sie diesmal nicht. Zum einen tat ihr der Hals weh, vermutlich wegen des lauten Krächzens vor zwei Tagen, zum andern hatte sie ein schlechtes Gewissen, weil der Festplatz immer noch wie eine Kraterlandschaft aussah und sie Waschbär Willi einen Faulpelz genannt hatte. Deshalb sagte sie nur: »Ihr geht viel zu sanft mit diesen Schnarchern um. Weckt sie doch einfach mit einem Stock.«

»Wir können sie doch nicht an Weihnachten so brutal aus dem Winterschlaf reißen«, erklärte Daisy Dachs vorwurfsvoll. »Aber wir schaffen es auch so, wenn uns Waschbär Willi unterstützt.«

»Und vielleicht kommt dann auch die Weihnachtsmaus.« Dago Dachs lächelte vor sich hin, als er an die Weihnachtsmaus mit ihrem leuchtend goldenen Fell dachte, die vielleicht gute Neuigkeiten vom Weihnachtsmann mitbrachte. »Also machen wir uns an die Arbeit«, sagte er aufmunternd zu Daisy Dachs und Waschbär Willi.

Zwischen den Bäumen hindurch kamen die Wichtel angesaust. Gemeinsam trugen sie einen Sack. »Wisst ihr, was dadrin ist?«, riefen sie. »Lauter kleine Zapfen. Die haben wir silbern angemalt und hängen sie zur Begrüßung der Weihnachtsmaus neben der Höhle auf.«

»Habt ihr Höhle gesagt?«, fragte Elster Elsie.

»Ja«, antwortete Ado. »Zwerg Rotmütze meint, dass wir nicht am Bach feiern können.«

»So, hat er das gesagt?« Elster Elsie klappte ihren Schnabel zu und flog davon.

»Oh, es schneit, es schneit, es schneit!«, riefen die Wichtel und sahen den federleichten Flocken zu, die nach unten schwebten. »Wir haben frischen weißen Schnee an Weihnachten.«

»Ja, natürlich haben wir den«, piepste es hinter ihnen. Die Waldbewohner drehten sich um. Vor ihnen saß die Weihnachtsmaus und neben ihr Rabe Rudi.

»Die Weihnachtsmaus ist da!«, riefen die Dachse und der Fuchs, so laut sie konnten.

»Die Weihnachtsmaus ist da!«, tönte es von allen Seiten. Die kleinen Meisen zwitscherten es von den Zweigen, Käuzchen Karl rief es und drehte seinen Kopf so weit wie möglich nach rechts und links, damit ihn alle hörten, die Zwerge jubelten und kamen aus ihrer Werkstatt. Sogar der Uhu verließ seine Felsenhöhle und die Moosleutchen ihren Teppich. Alle sausten zum Dachsbau am Waldrand. »Endlich!«, riefen sie. »Schön, dass ihr da seid!«

21. Dezember

Noch 3 Tage bis Weihnachten

Wie schön, dass Weihnachtsmaus und Rabe Rudi wieder da sind. Weil die Zeit bis zum Fest so knapp ist, konnten sie noch gar nicht erzählen, was sie erlebt haben. Erst einmal müssen alle zusammen anpacken. Nur dann werden sie vielleicht doch noch mit allem fertig …

Wer besucht die Zwerge?

Viele Vorbereitungen und ein Verlust

Wie sehr sich alle freuten, dass die Weihnachtsmaus und der Rabe Rudi zurückgekehrt waren, merkte man schon daran, wie gut es mit den Vorbereitungen voranging: Die Wichtel holten ein Blech mit Plätzchen nach dem anderen aus dem Ofen, die Moosleutchen knüpften doppelt so schnell an ihrem Teppich und die Zwerge hobelten, sägten und klebten, dass die Späne flogen.

Ihre Geschenke waren schon fast fertig: ein kleiner Rucksack für Rabe Rudi, neue Betten für die Dachse Daisy und Dago und für Elster Elsie ein kleiner Spiegel mit hübschem Holzrahmen. Die Wichtel sollten kunstvoll gedrechselte Förmchen für ihr Weihnachtsgebäck bekommen.

Nur die Geschenke für die Weihnachtsmaus, den Weihnachtsmann und die Rentiere waren noch nicht ganz fertig. Es waren zierliche goldene Krönchen. Die Weihnachtsmaus konnte ihr Krönchen aufsetzen, die anderen würden sie an einer Kette um den Hals tragen.

Inzwischen flog Rabe Rudi durch den Wald und entschuldigte sich bei allen Bewohnern wegen der späten Einladung, die die Weihnachtsmaus in diesem Jahr leider nicht selbst hatte überbringen können. Alle Waldbewohner, ob groß oder klein, freuten sich auf das Fest und sagten zu.

Am Nachmittag trafen sich die Mitglieder des Festausschusses zu einer kleinen Pause am Waldrand.

»Habt ihr gesehen, wie der Bach gurgelt?«, fragte Käuzchen Karl. »Die große Kälte ist vorbei und der viele Schnee gestern hat ihn ordentlich ansteigen lassen. Das Wasser hat bereits Waschbär Willis Krater erreicht.«

»Ist das wahr?«, rief Elster Elsie entsetzt. »Hast du das echt gesehen?«

»Das habe ich«, bestätigte Käuzchen Karl.

»Oh nein! Mein Schmuck liegt doch dort, zwar gut zugedeckt, aber wenn das Wasser steigt …«

Elster Elsie startete mit aufgeregtem Krächzen und kehrte wenig später mit noch aufgeregterem Krächzen zurück. »Alles weg«, heulte sie, »das Wasser hat alles mitgenommen!« Sie ließ sich auf den Boden fallen. »Ich bin ruiniert. Ohne meinen Schmuck wird man mich aus dem Festausschuss schmeißen, man wird mich davonjagen.« Weinend zog sie davon.

»So ein Theater wegen des Weihnachtsschmucks.« Käuzchen Karl schüttelte den Kopf.

»Es geht nicht nur darum«, ergriff Zwerg Rotmütze das Wort, »sie hat auch ein schlechtes Gewissen wegen des Festplatzes.« Er wandte sich an die Weihnachtsmaus. »Du weißt noch gar nicht, dass Elster Elsie unbedingt am Bach feiern wollte und tatsächlich einige von uns davon überzeugt hat. Ich wurde leider überstimmt.«

»Das mit dem Platz hat sich ja durch das Hochwasser schon von allein erledigt«, erklärte die Weihnachtsmaus. »Die Frage ist nur, wie wir die Höhle schmücken. Lasst uns bis morgen darüber nachdenken. Und jetzt wieder an die Arbeit.«

22. Dezember

Noch 2 Tage bis Weihnachten

Den Weihnachtsschmuck gibt es nicht mehr. Dafür aber viele neue Ideen. Bevor das große Schmücken beginnt, erfahren die Weihnachtsmaus und alle Freunde etwas sehr Merkwürdiges. Aber dann wird das Geheimnis gelüftet.

Wie viele Zwerge schmücken die Tannen?

Schmuck über Schmuck und ein Geheimnis

Die Wichtel sangen schon am frühen Morgen ein selbst ausgedachtes Lied. Es ging so:

»Wir Wichtel backen gerne
Lebkuchen und auch Sterne
und Plätzchen, schön wie Träume,
die hängen wir an Weihnachtsbäume.«

In einem kleinen Korb brachten sie Sterne und Lebkuchenherzen, die sie mit hübschen Bändern an die zwei großen Tannen vor der Höhle hängen wollten.

Auch Zwerg Rotmütze kam aus seiner Werkstatt. Die Zwerge hatten Kugeln mit silberner Farbe bemalt und kleine Engel ausgesägt, die goldene Flügel bekamen. Die Moosleutchen brachten eine Girlande aus Federn und Flechten mit. Käuzchen Karl hatte Eicheln an dünne Ästchen gebunden, sodass man auch sie überall gut befestigen konnte.

»Wunderbar«, lobte die Weihnachtsmaus, »über festlichen Weihnachtsschmuck müssen wir uns nun keine Gedanken mehr machen.«

»Dann könnt ihr ja nun endlich von eurer Reise erzählen«, sagte Zwerg Rotmütze. »Was war denn los mit dem Weihnachtsmann?«

Die Weihnachtsmaus und Rabe Rudi blickten in viele gespannte Gesichter.

»Ihr werdet es nicht glauben«, begann die Weihnachtsmaus. »Der Weihnachtsmann hatte gar nicht vor, nicht zu kommen.«

»Er hat also niemanden beauftragt und losgeschickt?«, flüsterten die Freunde und sahen sich verblüfft an.

»Aber das bedeutet doch, dass jemand dich und uns alle hereingelegt hat.« Käuzchen Karl war außer sich. »Wenn ich den erwische …«

»Es muss ja niemand von uns sein«, beschwichtigte ihn die Weihnachtsmaus. »Es könnte jemand von einem ganz anderen Wald sein, den wir vielleicht gar nicht kennen. Der auch gern mit dem Weihnachtsmann feiern würde.«

Alle schwiegen und dachten nach. Nur Waschbär Willi fiel plötzlich etwas auf. »Wo ist denn Elster Elsie?«, fragte er.

»Sie sitzt doch da oben auf dem Baum!«, riefen die Moosleutchen.

Alle sahen nach oben. Aber was da saß, war nicht die Elster Elsie, die sie kannten. Es war ein trauriges kleines Vögelchen, das hingeduckt in eine Astgabel bitterlich weinte.

»Was ist denn nun schon wieder los?«, fuhr sie Käuzchen Karl an. »Kannst du dich nicht wenigstens jetzt ein bisschen zusammenreißen?«

»Nein, das kann ich nicht. Ihr werdet mir sowieso gleich die Federn ausrupfen, wenn ich euch sage, dass ich eine weiße Taube als Weihnachtsengel losgeschickt habe. Jeder weiß, dass die Irrlichter nicht gut sehen können, darum leuchten sie ja auch. Auf jeden Fall haben sie die weiße Taube wirklich für einen kleinen Weihnachtsengel gehalten.«

»Aber warum hast du das getan?«, fragte die Weihnachtsmaus.

»Zuerst wollte ich nur einen Spaß machen und euch zeigen, wie gut ich jemanden hinters Licht führen kann. Und als dann die Weihnachtsmaus aufgebrochen ist, habe ich mich gefreut, weil ich endlich auch mal bestimmen wollte. Ich wollte das Fest vorbereiten. Bis alles schiefgegangen ist.« Elster Elsie schluchzte herzzerreißend.

Nach einer Weile sagte die Weihnachtsmaus: »Lustig war es für uns alle nicht. Aber vielleicht können wir ein paar Dinge ändern, sodass sich niemand ausgeschlossen fühlt.«

»Bedeutet das, dass ihr mich nicht hinauswerft?«, fragte Elster Elsie.

»Das bedeutet es«, antwortete die Weihnachtsmaus. »Und jetzt schmücken wir gemeinsam die Höhle.«

23. Dezember

Noch 1 Tag bis Weihnachten

Ist das ein Rennen und Laufen! Rund um die Höhle wuseln die Waldbewohner aufgeregt durcheinander. Es gibt noch einiges zu tun, bevor das Fest beginnt. Die Zwerge haben einen großen Schlitten, mit dem sie immer wieder voll bepackt zur Höhle fahren. Viel Zeit bleibt nicht mehr.

Wo haben die Wichtel ihre Leckereien versteckt?

Gemeinsam sind wir stark

Der große Tag der Moosleutchen war angebrochen. Der Teppich war fertig oder vielmehr die einzelnen Teile. Alle halfen mit, sogar einige, die nicht zum Festausschuss gehörten.

Der Uhu flog mit immer neuen Stücken im Schnabel zwischen der Höhle und den Wohnungen der Moosleutchen hin und her. Die Dachse schleppten gemeinsam mit Fuchs und Waschbär ein Teil nach dem anderen durch den Wald. Auch zwei Wildschweine halfen mit.

Zwerg Rotmütze brachte auf seinem Schlitten eine Kiste mit Holznadeln, die in seiner Werkstatt aufbewahrt wurden und die man zum Zusammennähen des Teppichs brauchte. Ente Emma und Elster Elsie starteten gemeinsam zum kleinen Weiher und holten feste Schilfstängel, die zerfasert als Fäden zum Zusammennähen der Einzelteile verwendet wurden.

Kaum befanden sich alle Teppichstücke in der Höhle, wurden die Fasern in die Holznadeln gefädelt. Ente Emma und Elster Elsie konnten das am besten. An diesem Tag waren sie einfach unersetzlich.

»Ohne euch hätte der große Teppich niemals so schnell zusammengenäht werden können«, sagte die Weihnachtsmaus.

Elster Elsie und Ente Emma strahlten vor Stolz über das ganze Gesicht.

Die Zwerge und die Wichtel bauten auf einem Podest, das sie geschreinert hatten, die Tombola auf. »Es ist noch alles geheim!«, schimpfte Zwerg Rotmütze, als eines der Wildschweine, das sich auf den Festplatz geschlichen hatte, schon einen Blick auf die Gewinne werfen wollte. Sicherheitshalber verhängte er den Stand mit einem Tuch.

Die Wichtel steuerten Körbe voller Nüsse, Eicheln und köstlichstem Gebäck bei. Weil sie so gern Sachen versteckten, landeten viele Leckereien an allerlei verborgenen Stellen. Am Heiligen Abend durften die Gäste dann nach den Leckereien suchen und naschen.

Draußen vor der Höhle flogen ein paar kleine Meisen immer wieder hoch in die Tannen und hängten den gebastelten Schmuck in die Zweige.

»Das ist alles wunderschön geworden!«, rief die Weihnachtsmaus begeistert, als am Abend alles fertig war. Die Waldbewohner gingen zufrieden nach Hause. Am meisten freute sich Elster Elsie. Das Lob der Weihnachtsmaus war großartig. Elster Elsie fühlte sich nicht nur nützlich, sondern auch ein bisschen wichtig.

24. Dezember

Heute ist Weihnachten!

Die Höhle ist kaum mehr wiederzuerkennen. An den großen Tannen davor glitzern und glänzen silberne Kugeln mit goldenen Sternen und bunten Plätzchen um die Wette. Prächtig geschmückt ist auch das Innere der Höhle mit dem gemütlichen Teppich und den Körben voller guter Dinge … Alles ist bereit für das Fest!

Wer nascht besonders gern von den Plätzchen?

Noch nie gab es ein schöneres Weihnachten

Die Zwerge entstaubten für den festlichen Abend ihre bunten Zipfelmützen und bürsteten sie, sodass sie wieder wie neu aussahen. Waschbär Willi wurde von Elster Elsie frisiert und sie selbst richtete ihr Federkleid, weil es nach den aufregenden Tagen ziemlich zerrrupft ausgesehen hatte. Die Moosleutchen erschienen in neuen Kleidern aus feinster Rinde und sahen sehr hübsch darin aus.

Ebenfalls geschmückt machten sich nicht nur die Freunde, die das Fest vorbereitet hatten, auf den Weg zur Höhle, sondern auch alle, die dazu eingeladen waren. Hirsch und Rehe kamen zusammen mit den Wildschweinen, dem Luchs, einem neu in den Wald gezogenen Wolf, der Wildkatze und den Eichhörnchen. Die Meisen zwitscherten und die Enten schnatterten. Auch die Winterschläfer wie Igel, Siebenschläfer und Haselmaus waren hellwach und reihten sich ein in den langen, langen Zug. Die Graugänse erschienen ebenfalls. So ein Fest wollten sie sich nicht entgehen lassen. Ganz zum Schluss hastete völlig außer Atem die dicke, fette Maus aus dem Kaufhaus an. Kurz vor Weihnachten hatte sie plötzlich die vielen Weihnachtsmänner, die Delikatessen und die laute, immer gleiche Musik nicht mehr ertragen. So hatte sie sich auf den Weg gemacht.

In den Tannen vor der Höhle leuchteten Irrlichter und Glühwürmchen, es duftete nach frischen Tannenzweigen, nach Moos und Rinde, nach gerösteten Bucheckern und Haselnüssen, nach Lebkuchen und frisch gebackenen Weihnachtsplätzchen. Fuchs Fritz, Daisy und Dago Dachs und Waschbär Willi hatten es sich schon auf dem wunderbar weichen Moosteppich gemütlich gemacht. Auch der Uhu war da und stand etwas erhöht auf einem Stein, damit er einen guten Überblick hatte.